现代职业教育实践研究

李娟 著

北京工业大学出版社

图书在版编目（CIP）数据

现代职业教育实践研究 / 李娟著 . — 北京 ： 北京
工业大学出版社，2024.1重印
　　ISBN 978-7-5639-7060-5

　　Ⅰ．①现… Ⅱ．①李… Ⅲ．①现代教育－职业教育－
研究－中国 Ⅳ．① G719.2

中国版本图书馆 CIP 数据核字（2019）第 236240 号

现代职业教育实践研究

著　　者：李　娟
责任编辑：任军锋
封面设计：点墨轩阁
出版发行：北京工业大学出版社
　　　　　（北京市朝阳区平乐园 100 号　邮编：100124）
　　　　　010-67391722（传真）　bgdcbs@sina.com
经销单位：全国各地新华书店
承印单位：三河市元兴印务有限公司
开　　本：710 毫米 ×1000 毫米　1/16
印　　张：11.25
字　　数：225 千字
版　　次：2021 年 10 月第 1 版
印　　次：2024 年 1 月第 3 次印刷
标准书号：ISBN 978-7-5639-7060-5
定　　价：45.00 元

前　言

　　当今世界正进入大发展、大变革、大调整时期，新一轮科技与产业革命正蓄势待发，人才和创新已日益成为各国综合国力竞争的决定性因素，教育同产业的结合也越来越密切。不管是发达国家还是新兴工业化国家，都把发展职业教育作为振兴经济、增强国力的战略选择。这是因为国家核心竞争力的增强，需要大量高素质的技能型人才。由此可见，加快发展现代职业教育，已经由共识走向行动。

　　本书第一章为职业教育的相关概述，主要包括现代职业教育微解，职业教育的特性、内涵与概念演变，职业教育的功能和分类，中等职业教育与高等职业教育、我国现代职业教育的服务宗旨与理念等内容；第二章为世界职业教育发展分析，主要内容为世界职业教育发展概述和国际经验对我国职业教育的启示等内容；第三章为我国职业教育发展中的问题分析，主要阐述了我国职业教育的发展历程，职业教育校企合作中存在的问题及对策，职业教育信息化教学的意义与必要性，新时期农村职业教育发展的困境、归因与对策等内容；第四章为中高等职业教育的衔接，主要阐述了国外中高等职业教育的衔接、我国中高等职业教育的衔接、国外经验及其对我国的启示等内容；第五章为我国职业教育人才培养模式，主要阐述了我国职业教育人才培养模式现状、国外高职教育人才培养模式的特征及其对我国启示、我国职业教育人才培养模式的类型和我国职业教育人才培养模式的创新探索等内容；第六章为我国职业教育师资队伍建设，主要阐述了现代职业教育师资的素质、我国职业教育师资队伍建设的现状与基本思路、我国职业教育教师的专业化发展和现代职业教育"双师型"教师的内涵与培养途径等内容；第七章为现代职业教育的质量评价与保障，主要阐述了国外职业教育的质量评价与保障体系、我国职业素质教育质量评价的未来发展方向等内容；第八章为我国高职创新教育的途径与保障体系，主要阐述了高职创新教育的基本途径、高职创新教育保障体系建设以及高职创新教育的案例分析等内容。

　　为了确保研究内容的丰富性和多样性，作者在写作过程中参考了大量理论与研究文献，在此向涉及的专家学者表示衷心的感谢。最后，由于作者水平有限，加之时间仓促，本书难免存在一些疏漏，在此，恳请读者朋友批评指正！

目　录

第一章 职业教育的相关概述

职业教育，作为人类社会教育系统中的一个重要类别，伴随着人类社会经济的不断发展变化而经历了诸多不同的发展时期。

第一节 现代职业教育微解

现代普通教育子体系、现代职业教育子体系和现代继续教育体系共同构成了我国的现代教育体系。现代职业教育是适应现代经济社会技术创新与应用、生产方式变革、产业发展转型升级以及现代人的职业生涯发展、终身教育需求，系统培养现代产业一线技术技能人才的教育类型。现代职业教育作为一种教育类型与现代普通教育的主要区别是：两者培养人才的目标类型不同，现代普通教育是适应现代自然科学和社会科学的发展以及现代人主体发展的需求，系统培养现代社会发展所需的学术型、工程型及工程应用型专业人才的教育类型。

自社会工业化以来，现代职业教育因其系统培养现代产业需要的一线技术技能人才而成为发达国家重要的经济基础和社会支柱。面对全球实体经济的竞争，包括美、日、俄在内的一些主要国家以前所未有的姿态将政策重心聚焦到加快发展职业教育上，将完善职业教育体系、发展现代职业教育作为提升国家竞争力的重要基石和迎接新工业革命挑战的重要战略，力求在新一轮国际实体经济竞争中建立巩固的、可持续的竞争优势。

为了应对国际金融危机和适应国际化实体经济竞争，我国适时提出了工业化、信息化、城镇化和农业现代化等"新四化"的发展目标，将转变产业发展方式、优化产业结构作为现代产业发展的核心内容。党的十八大报告中新要求的明确提出就是立足在基本国情之上的持续提升国家实体经济竞争力的基本国策。

让每个孩子都能成为有用之才是现代职业教育加快发展的目标。我国针对职业教育的现状提出"加快"的要求。这既是对职业教育改革发展所得成绩的

1

肯定，又指出了现阶段职业教育的发展还不能满足经济社会的需求。所以，我国必须要加快发展步伐，充实国家技术技能积累，成就人力资源强国之梦。

作为一种教育类型，现代职业教育除了具有突出的现代性之外，还具有鲜明的职业性、实践性、开放性和区域性等特征。职业性要求现代职业教育必须坚持"以就业为导向"，突出履行"适应需求，服务发展，促进就业"的社会职能和责任；实践性要求现代职业教育必须坚持"以行动为主题"，突出"知行合一"，强化学生的实践能力尤其是职业行动能力的培养；开放性要求现代职业教育必须坚持"以发展为核心"，根据社会人才需求和产业发展调整和优化专业设置和课程体系以及教学内容、方式方法等；区域性要求现代职业教育必须坚持"以服务为宗旨"，以服务区域经济社会发展打造学校的办学特色、专业特色和教学特色。

具体来说，现代职业教育最重要的类型特征是职业性。"以就业为导向"的核心内涵：社会需求是现代职业教育发展的直接动力；要求学校融入社会，紧贴社会需求办学、按照社会需求变革、随着社会需求发展；以社会评价作为对人才培养工作最重要、最具权威性的评价。职业性要求职业教育必须融入区域经济社会发展，根据区域内重点产业和支柱产业来设置专业；根据毕业生的能就之业、所就之业及未来之业等职业岗位的任职要求，确定专业人才培养规格及目标；根据职业岗位典型工作任务实际的工作过程来构建专业课程体系、设计教学内容；创新校企合作、工学结合良性运行机制，实现政、校、行、企四方合作办学、合作育人、合作就业和合作发展。

实践性是现代职业教育的教学特征，是相对于以理论教学为主的学科教学来说的。实践性要求现代职业教育要把实践教学摆在首要位置，培养学生的职业行动能力，即按照某一职业活动实际工作过程来有效作为的能力；要按照行动（工作）的逻辑解构学科知识体系，重构课程体系和课程内容，实现理学一体化、工学一体化，突出职业技能、职业能力和职业素质培养。

开放性是现代职业教育的办学特征。也就是说职业教育不能把自己封闭在校园内单独进行知识传授，或仅仅依靠学校自身的资源来进行职业技能训练和能力培养，而必须向社会开放，要对接产业设置专业、对接职业岗位设置课程、对接工作过程优化教学过程；要依托地方、行业和企业的技术与管理人员、生产经营设备和职业工作环境，以产学研结合为纽带，以服务求支持；同时为地方、行业和企业提供社会培训和技术服务；职业院校应该兼顾学历教育和非学历教育，要将全日制职前教育和非全日制继续教育及职业培训等结合起来全面发展。

区域性是现代职业教育的服务特征。"以服务为宗旨"决定了高等职业教育必须具有区域性，即服务区域经济社会发展，以服务求支持，推进办学体制机制创新和校企深度合作，完善工学结合良性运行机制，深化专业人才培养模式改革，培养区域经济社会发展急需的技术技能人才。

第二节　职业教育的特性、内涵与概念演变

一、职业教育的本质

技术应用型和技能型人才培养是职业教育的核心，也是职业教育教学过程的基本定位。职业教育也是培养职业人才的教育，其中包含两个要点：其一，培养社会各行业特定的职业人才；其二，以满足受教育者的就业需要为重要目的。在社会和个体发展中，职业教育以这两点为基本定位。要想完整、准确、科学地揭示职业教育的本质就要依据以上两个层面的相互结合。

职业教育是历史性与超越性的矛盾统一体。总有一定的历史前提牵引与制约着职业教育，职业教育在"真空"中是不可能存在和发展的。一直以来，职业教育都是受到历史限制的。对职业教育历史性的肯定，就是对职业教育"有限性"与"非至上性"的肯定。但是这并不能否定职业教育的超越性。与之相反，可能为人们发展职业教育提供真正的自由的恰恰是职业教育的有限性和非至上性，职业教育的有限性与非至上性是由其历史性导致的。换句话说，职业教育的历史性可能使职业教育的无限开放性成为现实。不断在有限性中超越有限性并在不断敞开自我超越的空间的过程中发展的教育就是职业教育。

二、职业教育的特性

事物内在的规定性就是事物的本质。而事物外在的规定性是事物的特征，它是由事物的本质决定的。职业与教育的相互结合就形成了职业教育。这就决定了职业教育本身具有职业和教育所共有的社会性的基本特征。然而，职业教育并不是职业和教育的简单相加，而是二者的有机融合，是历史性与超越性的统一体。因此，这就决定了职业教育还必须具有职业性、实践性、大众性、中介性和终身性等特性。

（一）社会性

社会大系统包含了职业教育。职业教育与社会之间的关系不可分割。职业教育的存在与发展由经济社会的发展所决定。与此同时，职业教育是现代社会

的一个支柱行业，它不仅反作用于社会，还对经济社会的发展起到影响和制约的作用。除此之外，职业教育的发展离不开社会方方面面的共同努力，包括政府、企业、民间。黄炎培先生认为，从本质方面来说，职业学校就是社会性；从作用方面来说，职业学校就是社会化。作为现代教育的重要组成部分之一的职业教育，与现代生产及人民生活需要密切相关。相对于普通教育来说，职业教育与经济发展的关系更密切、更直接，更具有广泛的社会性。职业教育的实施过程，有着深深的社会烙印，如国家倡导职业教育要"校企合作、工学结合"，要广泛吸引社会力量参与。职业教育的培养目标是培养职业人成为社会人。

（二）职业性

"职业"是职业教育的逻辑起点。职业性集中体现为就业导向性。职业教育以学生能够就业，并能使学生在未来的职业实践中得到良好发展为主要目标。教学内容的导向是就业岗位需要。教学环境要相同或相似于真实的环境。所以，有人认为，职业教育就是就业教育。职业学校的教学与社会职业需要息息相关，与学生将来的职业活动也密不可分。黄炎培先生认为，让无业之人有业，让有业之人乐业是职业教育的根本目的。

（三）实践性

在教学方法上，职业教育强调"学做合一""手脑并用"；在教育教学方式上，职业教育强调"产学结合"；在课程设置上，职业教育强调实训实习。与职业教育关系最为密切的是社会经济发展。因此，职业教育必须根据企业技术创新、劳动组织方式变革、生产经营活动的特点，使教育过程与生产实践相结合，面向企业、面向生产。职业学校的教学必须做到理论与实际紧密联系。教师组织教学活动应联系学生实际，联系专业实际。学生在职业学校的学习要理论联系实际。职业教育应强调在实践中培养学生以知识为中介分析问题和解决问题的能力。通过实践，将知识转化为能力。

（四）大众性

职业教育是面向每一个人的教育。工农商学兵等都有接受职业教育的权利。职业教育应以服务民众为宗旨。将中国从人口大国建设为人力资源强国，体现了职业教育的大众性。大众性要求职业教育始终代表人民群众的切身利益，实行"无差别"的对象性教育，不能无视受教育者个体的差异性，在教育对象上贯彻落实"有教无类"，同时坚持"因材施教"施行人本主义教育。

（五）中介性

职业教育在人的发展和社会发展之间、教育和职业之间的特殊位置体现了职业教育的中介性。职业教育的作用有以下两点：其一，它为教育与职业之间的沟通提供了渠道；其二，它是人力优势、智力优势、先进生产力三者转化的重要桥梁。黄炎培先生曾经说过，"教育不与职业沟通，何怪百业之不进步"。职业教育对人的个性发展和社会进步的促进作用不具有"普遍性"，也不具有"特殊对象性"，而是社会需要和个人生存的直接对应，有利于科学精神和人文精神的相互结合，有利于社会发展的需要，有利于个人素质的提高，是使人的个性更适应社会直接需要的发展、提高和更新的中介加工，是其间最基本的桥梁。基础教育和高等教育同样肩负着中介职责，即培养人从"自然人"转化为"社会人"，但是职业化是社会人的一个重要标识。这表明了职业教育与基础教育、普通高等教育相异的一个方面。

（六）终身性

终身学习是面向未来的桥梁。社会经济的发展、科学技术的进步，使得知识更新的频率大大加快。职业人需要不断地学习，才能适应日新月异的现代社会。具体来讲，世界经济转变的方向是以信息为基础的，在世界经济中，一个企业或国家所提供的产品和服务的质量决定了其自身的效益。若生产体系的基础是新技术，则其生产效率和灵活性会更高。该生产体系要求全体职工不断更新技术、提高技能，还要求全体职工积极进取、不断创新。

三、职业教育的内涵

（一）国际组织对职业教育概念的界定

1. 世界银行对职业教育概念的界定

1993 年，世界银行做出规定：在学校中，职业教育为技术工人的培养奠定基础，将专门职业理论和实践作为部分课程；技术教育为技术人员的培养奠定基础，技术教育的开展大多在中学以后，学校大多以理工或工业学院命名。世界银行把职业教育分成了九类：传统的学徒训练、常规的学徒训练、企业培训、部分培训机构、与项目相关的培训、中等职业学校、综合性学校、多样化中等学校和职业学校。

2. 联合国教科文组织对职业教育概念的界定

联合国教科文组织在 2001 年发布了《关于技术和职业教育建议的修正意

见》。在这份文件中，"技术与职业教育"在使用时作为一个综合术语，其教育过程涉及普通教育，除此之外，还涉及与其职业有关的技术及各门科学，以及获得相关的实际技能和知识。

（二）不同国家对职业教育概念的界定

1. 瑞典——《国际教育百科全书》

在瑞典教育家胡森等人主编的《国际教育百科全书》中，对"职业教育"概念的解释是从"技术和职业教育与培训"的教育内涵进行分析和描述的。书中指出，通常在任何一个国家至少要有三个独立机构设置中的一个或多个与技术和职业教育的培训相关，上面所说的三个独立机构主要包括：①正规学校；②学校后职业培训机构；③一些大小不一的工业或经济企业。

2. 英国——《简明不列颠百科全书》

在英国《简明不列颠百科全书》中，"职业教育"被定义为，"职业教育的目的是传授工商业职业知识。它可以通过正规的中等专业学校获得，可以通过在职培训计划获得，还可以通过中等技术学校获得；在没有实际指导的情况下，它还可以通过工作岗位上的实际操作不正规地学会某些必需的技能"。

3. 美国——《社会科学百科全书》

在美国的《社会科学百科全书》中，"职业教育"被定义为，"职业教育这一术语可以宽泛地用以指任何以直接为个体获得有报酬的职业而进行有效准备的教育形式"。在《卡尔·D.帕金斯职业和技术教育法》中，"职业和技术教育"被定义为，"提供一系列课程的教育项目，这些课程与个体在当前或未来的职业领域中获得有报酬或无报酬的就业密切相关"。

（三）我国对职业教育概念的界定

①黄炎培老先生认为，从广义上来说，所有的教育类型都包含职业教育的成分；而从狭义上来讲，职业教育属于专业性很强的教育，重在传授实用知识和技能。

②职业教育在《中国大百科全书》的定义："它是在学生从事的职业或生产劳动中给予学生所需要的知识和技能的教育。"

③其他研究机构、研究人员以及著作中关于"职业教育"的概念界定颇多，诸如：纪芝信主编的《职业技术教育学》认为，"职业技术教育"是指为了适应某种职业需要，在一定普通教育基础上而进行的教育，主要包括专业知识方面、专业技能方面以及职业道德方面的教育，为社会职业发展提供应用型人才；

门振华编著的《职业技术教育概论》则认为，对就业者进行不同水平的专业知识和技能的教育就是职业技术教育。

四、职业教育概念的演变

从古至今，在职业教育的发展史上，国内外曾出现多种关于"职业教育"的名称。其名称的改变也正体现了职业教育概念的发展，表明了职业教育内涵不断丰富和职业教育外延不断扩大。概括来讲，主要包含以下几种称谓。

（一）百工教育

"百工"，在我国古代典籍中指的是技工，是具有一定技术专长的各种手工业者，如同今天所说的技术工人的总称。春秋战国时期，墨子开创了职业教育社会办学的先河，他是一位职业教育的积极倡导者。他自称"农渔工肆之人"。他开办私学，传授有关数学、力学、光学等自然科学知识，实行"百工教育"。这一阶段的职业教育主要包括工匠技术教育、农业技术教育、商业教育和医学教育等。

（二）学徒教育

学徒制起源于西方奴隶社会，在中世纪时期得到全面深入的发展。《简明不列颠百科全书》将"学徒训练"解释为一种技术或工艺训练，它依据的是合法契约。这种合法契约规定了师徒关系、训练年限和条件。一般来说，学徒制的培养阶段包括三个层次和水平。

①学徒阶段。主要是年龄为 10 ～ 11 岁的学徒，时间一般持续在 3 ～ 10 年，教育责任由师傅承担，包括道德教育。

②旅行者阶段。学徒一般跟随多个师傅以学习更高层次的技术。行会负责确定学徒的工资。

③师傅阶段。旅行者将掌握到的手工艺技术展示给行会的师傅之后，可以作为师傅且被接受，这时，他们就可以开设自己的店铺了。

（三）西艺教育

一般来说，对洋务运动初期技术教育的泛指就是西方技艺教育，即西艺教育。清朝末年，在第二次鸦片战争之后，奕䜣、李鸿章、曾国藩与张之洞等人开展"洋务运动"，推行变法新政，主张"师夷长技以自强"，以谋求"自强"与"自富"。1862 年，我国开设了近代中国第一所新式学堂——京师同文馆，用以培养翻译和处理外交事务的人才。此后，洋务派先后创办了 20 多所技术性学堂。

（四）实业教育

承接着 19 世纪 60 年代的西艺教育，清政府开办了近代军事工业、交通运输业、燃料工业和民用工业等实业，并陆续在北京、天津、上海、广州、武汉等地开办了各种专业和门类的实业学堂。至此，西艺教育越来越显示出了中国的本土化特征，发展成为实业教育。1904 年，在学校系统中，职业教育成了一个独立的体系。1913 年 8 月，国民政府颁布了《实业学校令》，规定学校教育的宗旨是，教授农工商必需的知识和技能。1922 年 11 月，北洋政府颁布了"壬戌学制"，使职业教育的地位得以正式的确立。

（五）职业教育

德、美等国家最早提出"职业教育"。"职业教育"泛指培养职业能力的教育，它与基础教育、普通高等教育、成人继续教育不同。在我国，政府从 20 世纪 90 年代后期正式开始使用"职业教育"这一术语，将"职业技术教育"改为"职业教育"。1996 年，"职业教育"的范畴中不仅包含各级各类职业学校教育，还包含了各种形式的职业培训。职业教育是对受教育者在思想政治和职业道德等方面的教育，它是对受教育者职业知识的传授、职业技能的培养，主要对受教育者进行职业指导，从而使受教育者的素质得到全面的提高。

第三节　职业教育的功能和分类

一、职业教育的功能

教育作为人类社会特有的现象，它具有传递人类文化的功能，以此保证人类社会得以延续。教育能够促进个体身心健康发展，促进个体的社会化，使人类由自然人向社会人发展转变，以推动社会经济各方面的持续发展。职业教育作为人类教育系统中的一个重要范畴，也具有教育的这些基本功能。具体来讲，职业教育的功能可以分为社会发展功能和个体发展功能两个方面。

（一）职业教育的社会发展功能

1. 职业教育的政治功能

在我国，职业教育发展得到了重视，同时在贯彻落实党的教育方针和政策。党中央、国务院根据国际形势和我国经济社会发展现状，清醒地认识到职业教育的重要性，从而做出了大力发展职业教育的决定。因此，从政治角度看，职业教育起到了贯彻落实党的教育方针政策的作用。

2. 职业教育的经济功能

职业教育的发展与经济的发展紧密相关。纵观世界，经济发达国家的职业教育同样也发展得很好，如美国、德国、日本、新加坡等。我国当前的经济发展形势——走新型工业化道路、大力发展现代服务业等，都需要大批的技能型人才，而这些人才都需要职业教育来培养；职业教育在产业结构的调整、社会主义新农村的建设等方面也是必不可少的。因此，职业教育如果发展得好，将促进经济发展；反之，则会制约经济发展。

3. 职业教育的科技文化功能

科学技术是第一生产力。职业教育的发展可推动科技发展，从而进一步推动经济和社会发展。教育与文化密不可分，职业教育的发展将促进优秀的有特色的职业教育文化的产生。行业、企业文化与职业教育相结合，可以更好地培养行业与企业所需要的综合素质人才。

（二）职业教育的个体发展功能

个体发展包括个体个性化和个体社会化两个方面。个体个性化，一般是指个体在社会适应和社会参与过程中所体现的稳定性特征。个性化的发展，意味着个体的自主能力、独立能力、创造能力与自控能力的提高。个体社会化，是指个体出生后通过习得社会规范、行为习惯、价值观念，去适应社会和参与社会的过程。个性化和社会化是个人自身发展的两个方面。人的发展是多层次、多质的。个性化和社会化的协调发展是人得以健康良好发展的重要标志。我们常说的个性发展，应该是社会规范中的个性发展。二者是和谐统一的关系。教育就是在一定的社会背景下进行的促进个体个性化和个体社会化的实践活动。职业教育的个体发展主要是对个体身心全面健康发展的促进功能以及对个体的职业预备功能。

1. 职业教育对人的身心健康的促进功能

人的身心健康的全面发展包括人的生理和心理两个方面的发展，尤其是心理方面的性格、气质、兴趣、爱好、智力等方面在教育的作用力下更具有可塑性。职业教育的内容包括了知识、技能与职业道德等方面，学生接受了职业教育之后，提高了文化素养，学到了职业技能，培养了职业精神，形成了职业人的素质，有利于学生身心的健康发展。

2. 职业教育对个体的职业预备功能

我们每个人都是社会人。而社会人以职业为载体，作为职业人立足于社会。社会分工的不断细化，使得每个人的职业愈加具体。个体习得一技之长以获得所需职业而得以安身立命。满足个体的这种需要，就是职业教育对个体的职业预备功能。自1999年起，我国在全部城镇普遍开始推行劳动预备制度。具体来说，在就业前使新生劳动力和其他求职者接受1～3年的职业培训和教育，让这些新生劳动力和其他求职者获得相应的职业资格，在国家政策的指导和帮助下，以掌握一定的职业技能为前提，通过劳动力市场解决新生劳动力和其他求职者的再就业问题，并同时实施严格的就业准入制度。而在职业教育发展最先进的德国，青年就业教育和岗前培训已经成为一种社会义务。德国大约有60%的青少年在中学毕业之后接受"双元制"职业教育，每周有一到两天要在职业学校进行专业理论学习，三至四天在企业中实习和实践。培训时间一般为两年到三年半。为适应知识经济和信息时代不断变化的职业要求，职业预备功能不能只是停留在初次就业之上，它还应该包括再就业、转岗培训、创业培训等，以此形成与终身教育的有机融合，为个体的职业素质、职业能力的提高提供有力的保障和坚强的后盾。

二、职业教育的分类

（一）按培养类型划分

按照培养类型来划分职业教育，可以依据我国国民经济行业分类标准，分为农业、工业、服务业三大产业，细分为16个行业门类。其中第一产业包括行业当中的第一个门类，即农、林、牧、渔行业；第二产业包括制造业、建筑业等行业；第三产业是除第一、二产业以外的所有行业的总称，包括教育、文化、卫生、医疗、餐饮等众多行业。职业教育只有根据不同行业的要求和规格，培养为各行各业服务的人才，才能推进现代化建设的全面进步。

（二）按培养层次划分

根据《中华人民共和国教育法》第二章教育基本制度规定，我国实行学前教育、初等教育、中等教育、高等教育的学校教育制度。亦即，按层次分类，我国现代教育包括学前教育、初等教育、中等教育和高等教育四个层次。中等教育可细分为普通中学教育和中等职业教育。高等教育又分为三个层次：其中，专科层次包括高等专科教育、高等职业教育和成人高等教育；本科层次包括普通本科教育、本科职业教育和成人本科教育，本科职业教育尚处于发展建设之中；研究生层次包括硕士研究生教育和博士研究生教育，其中专业学位的硕士和博士研究生教育被归为职业教育类别。在我国，以下两部分组成了职业教育的培养层次：其一，中等教育学历的职业技术人才；其二，高等教育学历的职业技术人才。

（三）按实施范畴划分

教育与职业的融合，使得职业教育同时具有职业和教育的双重特征。而职业教育并不是与普通教育相对立的，人的教育是职业教育与普通教育二者的统一。在中、高等教育阶段，虽然职业教育与普通教育之间存在着分流，但是这两种教育的教育形式是相辅相成，不可分割的。普通教育的成分被包含于职业教育中，职业教育的目的又被包含于普通教育中。因此，按照实施范畴来划分，职业教育可以分为由职业学校与培训机构开展的教育和普通教育中所含的职业成分。普通教育中的职业成分主要通过开展专业类课程和职业规划课程等来体现。

第四节　中等职业教育与高等职业教育

一、中等职业教育

（一）中等职业教育的特点

①帮助就业是中等职业教育的目标。为国家培养合格的劳动者是中等职业教育所肩负的重任。要完成这一重任要做到：将市场作为导向，将服务作为宗旨，将就业作为生命线，通过诚信来寻求支持，通过质量和服务来谋求发展；设置专业要对准市场，设置课程要对准岗位，抓教学要以实践为基础，创办职业教育要面向农村等弱势群体。例如，陕西外事职专开展的"温暖工程"，招收了数千名陕南、陕北的贫困生，现在90％的学生在北京、广州、西安等地就业，实现了一人就业、带动全家脱贫的目标。

②在中等职业学校中，其课程构成一般包括三部分，分别是基础知识、专业技能、专业理论。在中职学生的知识结构中，基础知识是必不可少的，占有一定的比例；学生对专业技能和理论的学习是以基础知识为基础的，学生的进一步发展是以基础知识为前提的。我们可以将整个知识素质体系看成一个等边三角形。由专业技能和理论向基础知识提出要求，基础知识服务于专业技能和理论。必需、够用可以作为衡量基础知识的标准。实训教学作为学生学习的重点，

具有最丰富的内容、最多的课时，所以，实训教学是学生获得技能的主要途径。学生在校期间的总学时由多到少依次为专业技能、专业理论、基础知识。

③学生专业技能训练活动的加强、实践教学的突出是职业学校特别强调的内容，如何正确地开展职业教育？首先，教师应使学生掌握一定的文化课知识以为专业课的学习打下基础；然后，教师应使学生进行实际训练，即"实训"，具体来说就是通过实践教学环节对学生进行职业技能教育。

（二）新形势下中等职业教育的办学模式

由于职业教育具有多样性的目标，转变观念是中等职业教育的必然趋势，中等职业教育要将单一就业的终结性教育转变为可持续发展的人力资本培养，让学生的文化基础宽厚而扎实，并依据职业群的要求来进行学生职业能力的培养。这样会对学生就业率的提高起到促进的作用。因此，在办学模式上强调全面素质、实施多重目标，已成为一种客观的需要。理想状态的中等职业教育的培养目标是使学生同时达到高中文化和中等职业技术两方面的学业标准，但在现实中，由于种种原因这个目标可能很难实现，但课程安排仍可按"宽基础、活模块"方式前后适当分段。每个个体的具体目标因为选课制度的实施而各有侧重；每个个体的出路也因为选课制度的实施而各不相同。因此，一个较为现实的选择就是试行四年制"集成高中"。如果搞得好，四年制集成制高中的优势将显现出来，会适应上述各种新的形势，可能会改变职业教育的社会地位。与此同时，在处理中职与高职之间的衔接方面，集成制高中起到了积极的促进作用，集成制高中还可以保证高职获得高质量生源，使高职多数专业满足新生的两个基础（文化与专业）要求，使高职的特色和优势得以显现，使人才得以全面发展，使新一代具有创新精神和实践能力的高素质人才得以快速成长。具体而言，中等专业将四年划定为学习时间。前两年作为基础阶段，其主要任务是夯实学生文化基础，让学生学习相当于高中程度的宽广的、扎实的文化知识基础。第三年作为中间阶段，其主要任务是夯实专业基础，让学生通过学习专业核心课程来培养其专业基础知识和创业能力。第四年作为岗位方向专业培养阶段，其主要任务是精选专业。学生对专业方向的精选可以依据市场需要和个人爱好，需具备第一次选择的就业岗位的技能，要考虑一些因素，如生产实习、职业资格证报考等，从而构建三段式人才培养模式，即宽、厚、精三段。

二、高等职业教育的使命

（一）实现高等教育大众化发展

高等职业教育肩负着高等教育大众化的重任，尤其是北京、上海等已经实现高等教育大众化阶段的地区。但是我国人口众多，全国高等教育毛入学率的平均水平仍然较低。较低的高等教育发展水平，已经成为制约我国进一步发展的关键障碍，解决这一障碍的关键环节是解决我国的基本国情与人民群众对高等教育的迫切需求之间的矛盾。普通高等教育、高等职业教育等多种渠道为推动我国高等教育大众化，提升高等教育水平，共同发挥着重要作用。

在我国，只有高等职业教育的大力发展，才能满足人们日益增长的对于高等教育的需求。这是一条可以使全民族科学文化素质提高、使高等教育大众化进一步推进的重要途径。我国高等教育以高等职业教育为重要组成部分。所以在高等教育大众化进程中，高等职业教育必将担当起历史的重任。尤其是高等属性和职业属性的双重性质，决定了高等职业教育的发展舞台更加广阔。

（二）实现社会发展和充分就业

在我国，高等教育的发展取得了举世瞩目的成就，在一定程度上满足了人民群众对高等教育的迫切需求，得到了人民群众的肯定。我国十分重视就业问题，多次强调就业是民生之本。实现充分就业是人民群众最直接、最现实的利益所在。高职院校毕业生是国家的宝贵资源，是全面建设小康社会的主力军。

教育部对高等职业教育办学定位已经明确提出要以服务为宗旨，以就业为导向，走产学研结合的发展道路。高等职业教育毕业生要增强其就业竞争力，首先就要求高等职业教育定位得科学、准确，将培养的人才定位为高端技能型专门人才。而这类人才恰恰在行业、企业中都很少。只要高等职业教育找准自身定位，瞄准社会一线用人岗位的各项技能培养人才、供给人才，高职学生的就业竞争力就一定会增强。

（三）满足广大人民群众对高等教育的不同需求

广大人民群众对高等教育的需求呈多样化发展态势，对就业率高、就业质量好、能有一技之长的高等职业越来越青睐。尤其是在普通本科高等教育无法完全满足所有人需求的现实情况下，高等职业教育的优势逐步显现出来，而且发展非常迅猛，实现了与普通本科高等教育的在校生数量、院校数量基本持平。这充分说明了人民群众对高等职业教育的认可程度。

（四）实现中华民族伟大复兴的中国梦

中华民族的伟大复兴的强国梦，是要靠每一名中国人不懈的努力奋斗才能实现的。强国梦同时也必须使我国的综合国力到达一个全新的高度，而这其中的制造业、农业、新兴产业等行业的支撑都需要数以万计的高端技能型专门人才。只有大量供给此类人才，才能使中华民族屹立于世界民族之林，最终促进中国梦的早日实现。

三、中高等职业教育的协调发展

（一）中高等职业教育协调发展的内涵解读

中等职业教育与高等职业教育在职业教育体系内部的协调发展是中高等职业教育协调发展的重要体现，职业教育与外在环境关系的协调一致是中高等职业教育协调发展的又一重要体现。依据系统论的观点，中高等职业教育的协调发展应是一个持久的、全面的、科学的发展过程，包括中等职业教育与高等职业教育发展规模的适度、质量水平的提高以及结构的趋于合理化，此外，还包括职业教育与所处环境的协调发展，即职业教育的协调发展要服务于自然环境、经济环境、人文环境和民生环境的不断改善。因此，"中高等职业教育协调发展"的内涵是，中等职业教育与高等职业教育在职业教育体系内部各自的构成要素（如规模、结构、质量等）之间，在现实起点基础上，依据终身学习理念，遵循职业教育的本质特征与规律，兼顾教育主体的发展规律，经过科学推理、顶层设计和统筹安排，在一定的制度保障、质量保障、服务保障的前提下，为了适应经济发展方式的转变、产业结构调整和社会发展的要求，有计划、有目的地相互配合、相互促进，以达到在整体提高基础上的全局优化、结构优化和个体共同发展的理想状态。

（二）中高等职业教育协调发展的基本特征

中高等职业教育协调发展的实质是实现两者相互衔接、持续、兼顾、协调的发展，以及内部与外部的各要素之间的相互促进与协调发展，以达到发展目标。中高等职业教育协调发展在理念上，以人为本，体现终身教育思想；在实施上，促进职业教育资源配置更均衡、人们接受职业教育的机会更均等。总之，以下五个方面是中高等职业教育协调发展的基本特征。一是价值观的决定性。中高等职业教育协调发展必须树立起正确的发展价值观念。二是历史的继承性。历史继承性是任何一个国家和民族职业教育发展的特点，中高等职业教育协调发展本身就包含着对我国职业教育历史的"扬弃"。三是条件的制约性。从我国经济社会发展的客观条件出发是实现中高等职业教育协调发展的必然选择。四是内容的时代性。中高等职业教育协调发展必须确立长期的战略目标，调整发展思路，实现从规模扩张到质量提升的转变。五是过程的规律性。中高等职业教育协调发展是以尊重客观规律、一切从实际出发为核心思想的。

（三）中高等职业教育协调发展的缘起

1. 中等职业教育职协调发展是职业教育自身发展的诉求

（1）高等职业教育特色兴校的关键

高等职业教育与普通高等教育虽然同属高等教育范畴，但却属于两种类型的教育，具有不同的培养目标。普通高等教育以培养学术型、工程型、设计型人才为目标定位；而高等职业教育的目标定位为培养实践应用性技术技能型人才。正因如此，高等职业教育附庸于普通高等教育的思想是不正确的，专科层次的高等职业教育是本科层次普通高等教育的"压缩饼干"的思想也是不正确的，高等职业教育向学生传授的是经验性、操作性技术，主要培养高级"蓝领"，即一线操作技术人员。高等职业教育的培养对象顺理成章地成为中职毕业生。这些毕业生需要具有一定的经验和操作技术基础。为了促进中高等职业教育的协调发展，高等职业院校可以通过实施加大对口招生比例等措施，逐渐形成自己专有的招生领域与招生系列；增加中职生源的数量可以满足高职教学的需要，还可以实现高职培养目标，更有利于职业教育办出特色、办出水平。

（2）中等职业教育可持续发展的必然选择

①我国职业教育经历的辉煌发展阶段是从新中国成立初期到 20 世纪 90 年代。在此期间，优秀初中毕业生曾经首选中等职业教育。职业教育以就业为导向的目标为我国输送了优秀的技术技能型人才，从而促进了经济的发展。中职学校的部分优秀毕业生可以通过中高等职业教育的衔接得到继续深造的机会。另外，中高等职业教育的衔接还可以使学生及其家长追求高学历的需要得以满足，有利于增强中等职业教育的吸引力，还可以有效解决中职学校招生困难等问题。

②在职业教育快速发展的大背景下，在资源整合、布局调整、规模扩大的基础上，中职教育不断跨上新的台阶，但是在职业教育快速发展的同时，诸多隐含的问题开始显现出来：其一，毕业生的就业质量较低；其二，毕业生的主动适应职业岗位变化的能力较低；其三，毕业生创业精神与意识不足；其四，毕业生可持续发展能力较差。中高等职业教育衔接将有利于中职学校的教学质

量的提高，有利于调动教师教的积极性和学生学的积极性，有利于中职学校实施素质教育步伐的加快，更有利于解决中职学校升学与就业双重目标之间可能存在的矛盾。中等职业教育的可持续发展要以中高等职业教育的衔接为必然选择。

我们从发达国家职业教育的成功经验中可以看出，只有职业教育内部各层次、各要素之间有机衔接、协同发展，才能促进现代职业教育体系的形成与完善，才能充分发挥推动社会经济发展及促进就业率增长的保障作用。中高等职业教育协调发展可促进教育结构体系更趋于合理化与有序化，为高等职业教育向本科以上层次延伸打下良好基础，使得职业教育像普通教育一样，逐渐构筑起牢固的链式衔接，获得与普通教育一样的平等地位，在培养不同类型的人才方面充分发挥其不可替代的作用。因此，中高等职业教育协调发展已成为我国构建现代职业教育体系的必然之路。

（3）满足中职学生升学需求的必然之路

中国职业技术教育学会期刊编辑委员会的调查显示：重庆中职学生愿意升入高职的人数占总人数的 81.6％，河南中职学生愿意升入高职的人数占总人数的 74.59％，广西中职学生愿意升入高职的人数占总人数的 70.58％，吉林中职学生愿意升入高职的人数占总人数的 61.84％，浙江中职学生愿意升入高职的人数占总人数的 54.97％，上海中职学生愿意升入高职的人数占总人数的 35.59％。可见，大部分中职毕业生都有升入高职的愿望（六地区平均值约为 63.20％），希望通过升学获得提升自身综合职业能力的机会，为自己将来获得更好的发展空间，同时也为提升自身的生活水平做好准备。

2. 中高职协调发展是国家经济转型升级的刚性需求

（1）转变经济发展方式的新要求

21 世纪，我国经济的发展不仅受到经济全球化浪潮的深刻影响，还受到了经济知识化的影响。我国未来发展的主题将是科学发展，使经济发展方式加快转变。在资源和能源方面都存在很大约束的条件下，我国未来十年要实现科学发展就必须使经济发展方式得以转变。转变教育发展方式应以调整和优化教育结构为根本点；而优化教育结构的重点是必须把职业教育放在突出的位置上，推进现代职业教育体系的加快建设，对中高等职业教育的人才培养结构进行科学的布局，培养大批高素质技能人才以服务社会。这些高素质人才不仅可以适应发展方式的转变，还可以适应经济结构的调整。

（2）建设现代产业体系的强大动力

人才需求由产业结构决定。我国的经济发展应从第二产业带动转变为第一、二、三产业协同带动，从以依靠增加物质资源消耗为主转变为以依靠科技进步、劳动者素质提高、管理创新为主。所有这些都对我国人力资源的结构和素质提出了新的更高的要求。

（3）建立合理人力资源结构的必然之路

实现产业结构优化升级需要突出发挥科技进步与信息化的推动作用，是向知识经济成功跨越的必由之路。因此，党的十八大明确指出：要坚持教育优先发展，建设人力资源强国，以求服务于我国实现经济转型升级，提升中国制造水平，加快中国创造步伐的战略目标。经济发展方式由传统的劳动密集型向技术密集型和知识密集型转变。

3. 中高职协调发展是时代发展的必然要求

（1）现代科技发展日新月异的新要求

经济的转型时期是我国现阶段的基本情况。科学技术进步和生产发展在科学发展观的战略指导下促进了产业结构的调整与优化。我国经济发展以新型工业化道路为必然选择，现代生产领域广泛应用科学技术，使科学技术日渐成为重要生产力。职业结构的升级换代由经济的发展和科技的进步带动起来，使社会的就业方式从根本上得以改变。这是经济发展的结果。不断变化的职业和产业结构对劳动者的要求越来越高：①要具备一定的知识和技能；②要具备获得和利用信息的能力；③要具备思考、分析与判断问题的能力；④要具备学习新技术的能力；⑤要具备交流合作、适应环境的能力。只有中高等职业教育协调发展，学生才能提高综合职业能力，才能适应社会经济发展与科技进步的新要求。

（2）职业教育应对知识经济的新任务

①知识经济的内涵。知识经济把人们带入了一个新的经济形态，它不同于传统经济。在知识经济条件下，以知识、信息为核心的知识型产业成为社会经济的主导产业，它可以依靠自身知识的积累与创新，依靠自身的智慧与学识，走出一条全新的经济发展之路。知识经济代表了当代新经济的主要特征。

②知识经济的主要特征。关于知识经济，人们大多是通过将它与传统农业、工业经济相比较来把握的。有研究者指出，相对于传统经济而言，知识经济实现了五个转变：从有形资产向无形资产转变；从狭义的信息资产向广义的知识资产转变；从技术自身的创新向知识生产的基础能力创新转变；从知识本身的

获取向求知能力开发转变；从重视引进模仿能力向强调创新能力转变。总之，知识经济的发展使得工作性质发生了根本性变化。概括而言，知识经济的主要特征有以下几点。

a.非熟练、半熟练工作大量减少，知识型工作大量增加，工作的完成更多地依赖个体的知识、判断能力、问题解决能力，以及对工作的积极态度。

b.固定的工作不断减少，开始大量出现时间制的工作，工作越来越具有流动性，职业的更换越来越普遍。这就要求个体不断提升自身的职业岗位转换能力及就业创业能力。

c.由于技术的不断革新，工作合作越来越普遍，使得工作范围得以拓宽，同一岗位上的个体在现代工作中与以前相比要做更多的工作。这就要求个体不断提升自身的综合职业素质与能力。

d.由于高速度的技术更新，工作类型和内容也在快速更新。这就要求个体具备一定的可持续发展能力。

e.团队组织工作在现代工作中非常常见，一项任务的完成通常要通过群体合作而不是个体独立工作。这就要求个体具备一定的团队合作能力与沟通协调能力。

（3）知识经济对职业教育的挑战

知识经济背景下工作性质方面发生的变化，对传统职业教育目标提出了重大挑战，主要有三个方面：一是人才培养类型由于工作中知识含量的增加从技能型工人转变为知识型工人；二是职业教育由于工作范围的拓宽从单一技能的培养转变为"多面手"的培养；三是职业教育培养的人才由于工作组织形式的变化要同时具备独立解决问题的能力和合作解决问题的能力。

知识经济给职业教育带来的挑战具体有以下几项。

①知识经济要求职业教育的目标多样化。

②知识经济要求职业教育的对象扩大化。

③知识经济要求职业教育课程内容不断进行更新。

④知识经济要求职业教育专业设置跟随产业进行调整。

⑤知识经济要求在职业教育中突显技术因素。

⑥知识经济要求职业教育体系终身化。

知识经济的浪潮已势不可挡，它将改变现有社会的方方面面，并以其特有的运作方式和所呈现的时代要求引导着职业教育改革与发展的方向。

第五节　我国现代职业教育的服务宗旨与理念

一、新世纪我国职业教育的服务宗旨

（一）职业教育的经济发展功能及其为经济发展需要"服务"

一般而言，经济通常被看作能体现职业教育功能的主要领域，经济发展被看作职业教育发展最直接、最强大的动力。因此，相关学者在探讨职业教育与经济关系的过程中，借用新古典经济学的需求与供给的思维方法，以需要为逻辑起点，除了对于规划各类职业教育中如专业设置、实训基地建设等实际问题发挥了信息收集的作用外，也形成了一些非常功利的论述。如有些学者认为有了经济的需要，便有了社会发展的需要和人的发展的需要。这种观点忽视了这些需要不是线性的，而往往是相互冲突和难以调和的。在认识职业教育为经济发展需要服务的问题上，相关学者应该同时充分认识目前各种理论的局限性。

1. 投资与回报理论视野下的职业教育需要

职业教育的投资与回报理论基于"教育能够提高工作者的生产能力"的假设，其研究方法主要通过"直接度量生产率、关注就业地位、关注收入"等来测度生产能力，其中"收入"是衡量教育或人力资本其他方面投资回报率最普通的指标。尽管工作者之间的生产能力差异很难测量，但经济学家还是提出了在自由竞争的劳动力中边际生产能力等于工资的观点，用收入差异来替代生产能力提高，并且证明了教育确实和收入差异有直接关系。虽然这些研究存在着"收入是否准确反映生产能力，或者说受教育越多，是否就一定能获得越高的生产能力"等问题，但这种方法一直被用于测量教育对经济发展的贡献。即便这样，一些学者在教育投资回报率的文献中，还是提出了异议，即无论发展中国家还是发达国家，职业学校的教育成本都大大高于普通教育，并且存在着并非投入越大、回报率就越高的问题。因此，有些研究者认为用人单位更愿意聘用普通教育和高等教育毕业生，与职业教育毕业生相比，他们基础知识扎实、知识面宽、可塑性强。对于教育经济学的研究者来说，职业教育的回报问题明显没有一个简单的答案。

2. 人力资本理论、失衡理论、技能理论、组织理论、可培训力理论对职业教育经济功能的解释

"人力资本是指存在于人体中、后天获得的具有经济价值的知识、技术、能力和健康等质量因素之和"。人力资本理论最初主要关注学校教育对人力资

本起到的重要作用。后来贝克尔又提出了学校教育后对人的投资理论，最早区分了普通培训与专门培训，而且提出了培训可以"提高提供这种培训的公司的生产能力"，进一步拓展了职业教育的学校教育功能。失衡理论是舒尔茨等人于20世纪70年代中期研究发现的，核心是"适应变化、采用新方法的能力是运用从学校获得的技能的结果""只有当那些接受过教育的个体进入他们能进行决策的岗位时，如成为小农场主而不是农场工人，成为小企业老板而不是被雇佣的半熟练工人，他们受的教育才会提升他们的生产能力""那些虽然被雇佣但需要他们进行判断的工人，与那些简单遵从他人的工人相比，其经济对教育的回报也应更高"。失衡理论为职业教育培养人的适应新技术变化的能力提供了支持。技能理论认为，"个体要在现代生产组织中有效地工作，最基本的是获得更高水平的生产技能"，这些技能主要是进行数学运算的能力以及读和写的能力。英国职业教育所提出的普遍适用和广泛可迁移的能力即关键能力或核心能力，就是以技能理论为支持的。组织理论认为，学校是一个组织，通过对学生行为结构与类型的要求，使学生在工作情境中有效行动，作为现代教育机构，应当向学生灌输与工厂、银行等生产性行为相一致的价值与道德观念，使青年更有能力适应工业化社会的要求。可培训力理论认为，学生在学校的成功意味着学会了学校要求学生习得的技能，或者说完成了特定水平的教育，意味着获得了社会认可，意味着青年更可能在学校以外的社会中取得成功。因此，在学校成功的个体往往是那些已经显示能够学习新内容的个体，重要的是学生学会了学习，而不是学了什么知识和技能。学会学习的品质常被称为"可培训力"或"学习力"。

3. 新福特主义和后福特主义经济发展模式下的职业教育模式

福特主义指的是"20世纪30年代一位意大利马克思主义作者安东尼奥·葛兰西首次使用的一种基于美国方式的新的工业生活模式"，后来被用来指整个发达国家的工业化经济发展模式。这种模式有三大支柱：一是依赖管理者、设计者与执行者严格分离的劳动组织方式，二是按照凯恩斯宏观经济学的系统分配方式进行不同社会阶层的收入分配，三是以集体商谈、社会立法和福利制度为保证的政府管理的社会民主模式。福特主义模式，采用的是机械化生产方式，生产过程也被分割为若干个独立的任务，许多技能已经被机器所取代，并不对工人的技能有过高要求，而其组织方式也使工人的培训不可能受到足够的重视。正因为如此，到了20世纪70年代初，由于西方资本主义国家出现了政府广泛、无节制的干预和通货膨胀、高失业率、经济衰退等现象，福特主义受到批判，新福特主义应运而生。市场规则被引入，创造条件成为政府的角色定位。政府要保证市场的自由运作，不再是为了促成雇主与雇员之间的某种妥协，工人获得的收入取决于他们在全球化市场中出卖技能、知识的状况。后来，后福特主义又对新福特主义提出批判，反对新福特主义降低劳动力报酬，抨击建立高度弹性市场以发展经济的战略，主张在政府、雇主、工会的合作基础上，建立扁平化的劳动组织，改善工人的工作条件和提供更高的工资，肯定工人参与企业管理的作用和建立高度的信任劳资关系，以此来提高产品和服务质量，创造一种"高技能、高工资的魔术经济"，增强企业在市场中的经济竞争力。后福特主义关于"财富增长取决于国家或公司是否能开发工人的技能、知识和见识"的思想，对职业教育知识、能力、素质相统一的人才培养观产生了深刻影响。从20世纪80年代一直到21世纪初，许多新福特主义国家也逐渐接受了后福特主义的一些观点，即"在当前的背景下，后福特主义理念作为职业教育政策的被迫选择，已被决策者和势力群体几乎普遍接受了"。新福特主义倾向于把新技术与旧技能联系起来，并加大管理的权力。后福特主义也注意到了这个方面，并对技术采取了更为积极的态度，认为新技术为人们提高与更新技能提供了一个机会。

4. 不同经济模式下的职业教育模式

加强职业教育是全球化背景下增强经济竞争力的必然选择。不同的经济发展模式会形成不同的职业教育模式。职业教育运作模式究竟应按照市场模式来运作还是应强调政府干预其发展？新福特主义模式和后福特主义模式在这个问题的认识上是完全不同的。新福特主义期望学校在理想的准市场中自由竞争，从而不断提高其教育质量，认为只有人们不得不为教育付费时，能得到经济回报的教育才更可能被选择，雇主提供的培训也必然是需要导向的，以便对市场变化做出反应。但是，如果失去政府的干预，学校的公益性便会由于急功近利而被削弱。由于激烈的市场竞争或遭遇经济衰退，雇主也必然选择减小培训力度。所以，后福特主义主张把职业教育作为公益事业，高技能、高工资、高就业率经济的设想只有通过国家对包括交通、通讯、研发以及对教育与培训等经济基础的持续投资来实现。但是，高技能、高工资的理想能否实现、教育能否解决失业问题、两极分化是否是全球劳动力市场对技能价值的反映等问题都是对后福特主义的诘难。

职业教育服务经济发展的功能尽管存在着人力资本理论、失衡理论、技能理论、组织理论、可培训理论等多种理论视野，也有新福特主义和后福特主义等多重教育模式可供借鉴。但在认识其服务功能时，我国一方面需要对这些理论视野加以整合，另一方面要使职业教育模式与经济发展模式相适应。就目前的认识而言，现有的理论视野都是以需求与供给的思维模式为信仰的，具有明显的工具痕迹。我国"上海职教论坛"的专家虽然借助"人才分类"理论，从学术型、工程型、技术型和技能型人才划分出发，试图解决职业教育培养目标定位问题，但同样有明显的工具痕迹。人力资本理论试图通过将人力资本分为一般人力资本和专门人力资本，来解决学校职业教育和企业职业培训的沟通问题，认为一般人力资本具有普遍性，由学习者所携带，而专门人力资本具有特殊性，往往只适用于某个或某些企业，在企业之间难以普遍流动。满足劳动力职业流动需要的是一般人力资本，而不是对企业具有特殊价值的专门人力资本。因此，一般人力资本成为积累专门人力资本的必需前提。关注一个国家的职业教育就是关注其是否重视一般人力资本，这种与具体企业利益缺乏密切联系的人力资本的开发。

5. 职业教育服务经济社会发展必须与社会经济发展模式相适应

在经济增长动力上，虽然我国政府一直倡导科教兴国，但真正通过人力资源开发来促进其发展的企业并不多，而通过降低劳动力工资水平来降低产品价格或通过广告效应提高产品销售的企业却很多。多数企业的发展动力仍然在"市场"而不在人力资本开发上。在劳动组织模式上，多数企业实行的仍然是管理者、专业人员与一线工人严格分离的两极管理模式。

在社会保障模式上，我国工会体系并不发达，并不具备代表工人和企业老板就工资、劳动条件等问题进行商谈的能力。也就是说，我国的经济发展模式基本上属于新福特主义，但我国的职业教育却不是依据新福特主义而"设计"的发展模式，而是一种在科教兴国战略指导下，政府按照"设计模式"的思想，"制造了"一个发达的学校职业教育体系。但这一模式由于缺乏企业的投入和支持，只能通过收取高额学费的方式，把职业教育发展的一部分责任转移到学生及其家长身上。经济发展模式与职业教育发展模式的错位，一方面决定了职业教育发展的尴尬境地，另一方面决定了职业教育不可能预先设计一个理想的模式让各个职业学校来执行，只能是通过预测政府、企业、学生几个方面的长期博弈，才有可能形成职业教育发展的"内生模式"。

一般来说，人们很容易通过分析经济、生产技术发展史和职业教育发展史，得出经济发展越好、生产技术水平越高对职业教育的需求就越大的"一般结论"，并将此结论作为普遍规律，因此总将现实的职业教育发展寄希望于生产技术的不断提高和经济发展，而忽视存在普遍发展规律的生产过程，即忽视社会发展规律是在人类有目的的实践活动过程中产生的，从而丧失参与过程之中的信心和勇气。市场对职业教育的需求是职业教育发展过程中的重要变量。我国的职业教育目前还存在着"二律背反"现象，无序的市场造成了蔑视产品质量和轻视人力资本开发的经济环境，使职业教育忽视质量的隐患越来越显现出来。尽管我们期待规范市场的出现，期待充分竞争的市场经济的发展给职业教育带来新机，但是如果今天的职业教育不能够主动参与到市场化的发展过程之中，就会在明天的市场化中被"边缘化"。职业教育要积极参与到今天的市场化过程中，就不能简单地被动适应市场，而应主动开拓市场。被动适应市场的策略，往往只关注当前人们迫切需要的某种职业教育，却很少意识到可有可无的需要，更对潜在需要毫无认识。而主动适应市场的策略，则认为市场"需要"本身并不是一个十分确定的概念，而是一个充满弹性、非常模糊的概念，其内部存在着潜在需要、可有可无的需要、迫切的需要等层次划分。迫切需要是社会当下明确表现出来的对某类职业教育普遍的现实的需求；可有可无的需要是指人们在条件不允许的情况下，会选择放弃，而在条件允许的情况下，则会积极参与的需要；潜在需要是密切关系到社会利益和个体利益，而当下由于条件限制，社会还没有普遍认识到的需要。职业教育紧紧把握和强化迫切需要是必要的，但同时还必须努力促进可有可无的需要转化为现实需要，并从长远利益出发，规划和激发潜在需要，充分体现职业教育的前瞻性和主动适应能力，从而更好地为经济发展服务。

根据我国职业教育的发展过程及其所形成的传统，其发展模式已由一元走向了多元的选择机制。在计划经济条件下，学校本位模式是我国职业教育的主导模式。自20世纪90年代以来，随着劳动力市场的变化，为了适应市场经济的发展，我国职业教育逐渐向学校本位与社会本位模式并举的方向发展。而随着市场经济的进一步发展，职业教育发展已由原来的"政府决定"变为由政府、企业、个体等多个主体通过复杂的相互作用来确定的多元决策机制。

（二）职业教育的社会发展功能及其为社会发展需要"服务"

职业教育的社会发展功能主要体现在人才培养的过程中。在全球化的背景下，各个国家必须立足于全球劳动分工来规划自己的发展方向。有关经验表明，提高国民基本素质是国家立于不败之地的根本，青年的价值观及其对于国家和民族的认同感、政治态度、信念和社会责任感是国家安全、社会稳定所系。职业教育作为公民社会化的重要过程，其服务功能绝不仅仅局限于为经济发展服

务。尤其在市场经济条件下，职业教育必须充分认识市场机制对社会机制的重要作用，自觉控制经济理性越界所造成的自我中心主义发酵。

1. 社会学意义上的职业教育

从社会学的意义上讲，职业是一种成为模式的与特殊工作经验有关的人群关系，往往被理解为地位。韦伯认为，职业阶层的划分可依据收入、地位和权力三个标准来进行。收入指经济收入，地位指荣誉和声望，权利则指对资源的控制力。职业教育是社会分工的产物，同时，由于现代社会学家以职业为对象研究社会分层，把职业声望作为测量社会地位的重要指标，所以，职业教育又在社会分层中彰显其功能。

社会发展是指社会不同群体因所占有的财富、权力等不同而导致所处地位不同的一种社会状态。职业声望是社会学家测量社会地位的重要指标。因为在高流动率的现代社会中，职业差异是造成社会分层的重要因素。按照戴维斯和摩尔的功能主义理论，社会分层的合理性在于，所有社会都必须设计出一套方案，以使最好的劳动者去承担最重要的和最复杂的工作，虽然激励问题可以通过许多方法来解决，不过或许最简单的解决办法就是构建一套报酬等级体系，对功能上特殊的职位给予特殊的报酬。

2. 人才分类、社会分层理论视野下的职业教育

人们习惯于从两种理论、三个层面来认识职业教育为社会服务的问题。一种理论是社会人才分类理论。人们依据该理论，认为社会需要一个完整的人才结构。另一种理论是社会分层理论。人们依据该理论，认为职业教育能够促进社会分层。三个层面：一是从人力资本层面上讲，职业教育传授的技能不仅对雇主非常有价值，而且对雇员来说也能增加就业机会并提高收入水平；二是从市场经济层面上讲，职业教育有利于劳动力就业市场化，从而促进经济发展；三是从社会分层上讲，职业教育更有利于学生的充分选择。事实上，新韦伯主义者和新马克思主义者认为，职业教育所传授的技能对雇主和雇员均无多大价值，因为这些技能很容易在工作中学会，而职业教育的毕业生往往只能从事较低层次的工作，因而其作用只是阻止了工人阶级子弟接受高等教育并获得级别较高的工作。职业教育只是教育的一种组织形式，其经济发展功能有限，同时又在复制世代相传的社会不平等之处。而且社会分层理论也认为，"职业教育是一种谬误。第一，职业教育只导向低地位的工作，家长和学生视之为次等教育；第二，职业学校的毕业生难以在他们受训练的专业领域找到工作；第三，在工作中，他们的专门技能没有充分发挥出来，因而他们的教育投资大多被浪费掉

了。这就是他们所说的技术浪费"。

3. 以人的发展为根本追求的职业教育

就其教育的社会服务功能而言，职业教育同其他任何教育组织形式一样，归根结底，其为社会服务是通过对人的培养来实现的。职业教育对于人的培养绝不仅仅是一般工作技能的训练，而是知识、素质、思想情感、各种能力及技能的全面培养，任何工作实践中对人的无边界的、无目的的社会教育，都无法与有边界的、目的清晰的、组织严密的、过程严肃的学校教育相比，工作中的技能训练根本无法取代职业教育的系统过程。况且，社会分层是一种事实，是一种历史现象，在没有职业教育体系之前，早就已经存在了。社会在发展中也预先设定了每种职业的社会地位，且这一设定具有相对稳定性。因此，把社会分层归因于职业教育是不公平的。目前的主要问题不是职业教育能否促进社会分层的问题，而是不合理的社会分层制约着职业教育的发展。在中国，如果没有职业教育，就不可能使每个人都接受相对完整的教育。职业教育给许多没有能力上高中或大学的学生提供了接受另一种教育的机会，提高了他们的工作能力、工作报酬和社会地位，与许多民工能够出卖的就只有劳动力，甚至有时能够出卖的还包括尊严、健康和生命相比，受到良好职业教育的毕业生的社会声望正在改变着现实的社会分层。因此，有些专家认为应当把发展职业教育作为构建和谐社会的重要的战略选择。

虽然我国职业教育像世界上许多国家一样，其发展也是不平衡的。如在20世纪50年代初和90年代初期，我国的职业教育的发展速度和社会地位都非常高。后来由于不同社会阶层之间的地位差距拉大，职业教育的地位和发展遇到了困难，给职业教育发展带来了不利影响。但是，在21世纪，党和国家十分重视职业教育，尤其是党的十七大提出了"尊重知识、尊重人才、尊重创造、尊重劳动"，把尊重劳动与尊重知识、尊重人才、尊重创造有机地统一在一起，不仅从社会主义核心价值观上给劳动者以重要的社会地位，而且使劳动在与知识、人才、创新等的互相作用下成为一个完整的系统结构。因此，在21世纪职业教育服务社会发展的观念上，我们不能简单地从社会分层现象上去把握，而应该从职业教育自身如何培养全面发展的人的价值选择上予以认识和把握，充分认识职业教育对于教育公平和效率、社会公平与效率等的巨大的作用，克服不利因素，促进职业教育科学发展。

（三）职业教育培养人的功能及其为人的发展需要服务

任何教育的服务功能最终都体现在人的培养功能上。为人的发展服务是职

业教育服务功能的集中体现。人的全面发展是职业教育的根本宗旨。

近些年来，市场化就业给我国的职业文化带来了极大影响，也影响着职业教育目的的完整实现。上海有一项对 4000 人进行的调查显示，只有 1％的人选择当工人，99％的人不愿当工人。如此高比例的人对工人这一职业的"不屑"，并不是社会的高科技发展矮化了工人的职业地位，而是由于劳动力无序市场化造成的。"劳动力就业市场化"的基本信念：只有通过完全、充分的市场化机制，才能实现劳动力与工作岗位的最佳匹配。但是市场上由于劳动力与雇主在地位上双方不平等，"完全""充分"的市场化是难以实现的。当"市场化"超越了就业选择的意义而扩大到对工作过程的管理时，必将导致职业划分的刚性化，导致蓝领与白领在工资收入、工作稳定性及人格尊重等方面的巨大差异。过度市场化的就业模式源于追求效益的价值取向。但当效益与公正无法平衡时，在单纯数字意义上的经济效益背后，社会发展会越来越偏离使人更有意义地生活和使社会和谐的最终目标。而对于这种情况，既然教育阶层化源于职业阶层化，那么，除了期望劳动力就业制度的改变，政府通过更多地干预劳动力就业，让劳动者获得同等的国民待遇，缩小各社会阶层之间的差距。对于职业教育而言，其更应该注重对于学生的全面培养，尤其是进行热爱劳动、劳动光荣的教育。

自从人力资本理论被职业教育普遍重视后，似乎一直在主导着职业教育的理念发展，尤其是人力资本理论中的可培训理论成为技能培训的重要经济学依据。但是，人力资本理论所导致的将人作为技术工具对象的理论一直是受到社会批判理论的批判的。人不是工具，无论是政治工具，还是技术工具，把人作为"工具"对待，都偏离了人的发展的要旨。在职业教育中，人的确需要面向工作实践而获得更多的专业技能，但更不能因此而忽视对人的素质的全面培养。在现代社会中，教育价值观越来越趋向多元化和复杂化，而我国的教育价值观在经历了经济优先的社会价值观到社会价值观与本体价值观的矛盾冲突之后，虽然目前偏重本体价值观，但社会需要仍是教育的出发点和落脚点。本体教育价值观所倡导的促进个人知识、能力的发展和要达到的个性之完善的宗旨，与人的社会发展和适应社会变革并不矛盾。每个人的主体性人格的提升与个性的全面和谐发展，不仅是本体教育价值的追求，而且是教育的社会价值的体现。因此，职业教育要实现社会教育价值与本体教育价值的统一，就不能够片面追求"工具理念"，把人当作拥有技术的工具进行塑造，而是应该注重人的全面发展，更加重视人在工作过程中所体现出的知识、能力和人格的培养，尤其要注重人的职业人格、职业道德和职业情操的培养，使人成为未来可持续发展的人。

二、新世纪我国职业教育的基本理念

一般而言，理念是指人们对于某种事物所形成的理论观点、理性看法、基本信念。对于职业教育来说，其理念是在职业教育实践过程中形成、变化和发展的，是不同时期职业教育的理论、思想观念的综合反映，具有趋向性和时代性的特征。同时，任何时代的职业教育理念与职业教育的服务宗旨密切相关，一方面，职业教育服务宗旨决定着职业教育理念的发展方向，另一方面，职业教育理念的嬗变又影响着职业教育服务宗旨的发展。先进的职业教育理念对于职业教育服务宗旨的内涵发展具有积极的作用，而落后的职业教育理念又总是影响着职业教育服务宗旨的全面贯彻及其发展完善。根据目前世界职业教育的发展趋势、职业教育的理论研究和职业教育服务宗旨的内涵深化，目前所反映出来的影响 21 世纪职业教育发展的主要理念，应主要包括以下几方面。

（一）"由职业到生涯"的人的发展理念

职业教育以人为本的思想和为人的全面发展服务的宗旨，要求职业教育在新世纪里更加强调人的主体价值在社会发展与人的发展中的统一，重视人的存在与发展。在 20 世纪的职业教育发展中，对于人的发展的价值取向，起初所关注的是职业，即给人提供从事某种职业的技术、技能方面的教育，而后由于就业的压力，职业教育对于人的发展更关注如何有利于就业。在世纪交替之际，在人的发展问题上，职业教育的观念发生了重大变化，由单纯的关注职业、就业转向了关注人的一生，从而提出了由职业到生涯的理念。

"由职业到生涯"理念的提出，与终身学习思想的不断深入有关系。在教育未进入终身学习阶段之前，教育的阶段论主导着教育发展，人的学习与工作是相互分离的两个不同阶段。由于知识经济时代的要求和学习化社会的到来，终身学习已不再仅仅指向"活到老学到老"，而是明确提升到了"学习就是工作和生活的本身"的价值层面上，教育更加重视人的可持续发展。职业教育正是顺应时代发展的要求而提出了"由职业到生涯"的人的发展理念。

"由职业到生涯"的人的发展理念，其核心理念包括"以人为本——追求人的自由而全面发展；超越自然生命——人力资本的持续开发与终身学习；组合式人生——人的工作、家庭和社会和谐平衡；过程重于结果——人的职业生涯发展重在体验、探索、创造生命意义，而不只是追求实际的功利目标"等内容。"由职业到生涯"的人的发展理念，赖以职业选择理论中的职业—人的匹配理论、职业性向理论、职业生涯发展理论、职业探索决策理论、职业发展主动建构理论的成熟与支持，是对马克思人的自由而全面发展理论在学校教育与社会

实践关系上的进一步深化。"由职业到生涯"的人的发展理念，更加注重人的个性发展，强调个性化教育。因此，"由职业到生涯"的人的发展理念一经提出，便受到职业教育的极大关注，世界上许多发达国家还建立了专门的研究机构，并很快成为新世纪职业教育的根本性理念。我国的职业教育不仅应该进一步宣扬这一先进理念，而且应该在职业教育实践中将这一理念贯穿于培养目标的确立、课程建设、教学改革等过程之中。

（二）按照工作系统的要求建构职业教育的理念

随着职业教育的快速发展，人们越来越认识到职业教育理论的重要地位。虽然世界上不乏新的职业教育理论的生成，但就我国而言，许多学者仍认为"职业教育至今仍是一个思想贫瘠的领域，加强其基础理论研究已是共识"。而对于职业教育的学科定位、建构范式、本质等重要理论问题的厘定，成了建构"职业教育原理"这一学科的关键。

从性质方面来说，职业教育与学术教育存在着根本性的区别。正是这种根本性的区别，才导致学术教育与职业教育在逻辑构造上的本质区别。虽然职业教育与学术教育同属于教育活动，但其功能却完全不同，职业教育的功能是把学生导向工作体系，理解工作体系与学术体系的共存状况是理解职业教育本质的基本前提。工作体系是人类进行物品设计、生产和交换的体系。工作体系的教育内容主要是技艺，培养的是面向生产、管理、服务等一线的技术应用型人才。工作体系的基本要素是职业、工作与技术，其中职业是载体，工作是过程，技术是手段，三者虽然在工作体系的历史发展中出现的时间不一致，但却有着密切的内在逻辑关系。职业、工作过程与技术手段三要素的相互作用，促进了工作体系的不断完善，从而成为职业教育本质的逻辑起点。

现代职业教育正是紧紧抓住了"工作体系"这一核心问题，不仅使职业教育的定向性、适应性、昂贵性、实践性、社会性和大众性特征更加具体明了，而且使有关职业教育的课程理论、学习理论、教学理论、教师的专业成长等问题得以迎刃而解。因此，新世纪职业教育的教育原理必须围绕工作体系，进一步完善课程理念、教学理念和学习理念。

（三）学术性与职业性不断融合的办学理念

学术性教育与职业性教育在经历了 20 世纪长期的二元分离之后，21 世纪初，许多教育家认为学术性教育和职业性教育的这种区分，以及认为只有后者适合劳动市场需要的这种看法，错误地推导出教育的许多内容是与经济无关的结论，学术性与职业性相融合已成为发展普通教育和职业教育的共识。"所谓普通教育，也就是学会使用科学知识和表达思想的工具，只有在它培养了人们从事职业的能力时才能获得其充分的意义""所谓职业教育，也就是学会工作过程中的技术，只有在它培养了人们使用科学技术和表达思想的普遍适用的和广泛可迁移的能力时，才能获得其充分的意义"。正因为如此，英国的职业教育提出了重视学生的关键能力（或核心能力）培养，其关键能力或核心能力所指的并不是我们认为的职业能力或专门技能，而是普遍适用的和广泛可迁移的能力。这种普遍适用的和广泛可迁移的能力包括运用语言进行沟通的能力，数字运用能力，信息技术能力，与他人合作和提高学习效率与增加绩效、解决问题的能力，都离不开学术知识的支持。职业教育正是由于现代技术知识对教育内容的补充，才缩短了教育时间，在改变学徒制的同时，加快了职业教育社会化的速度。职业教育作为相对于普通教育的一个类型，绝不是不需要学术知识，而是意味着需要什么样的学术知识和如何处理原理性知识与规范性知识的关系及逻辑结构。世界上职业教育较为发达的德国、英国和中国台湾在职业教育中都更加强调"由针对岗位转变为对职业群和行业，并兼顾职业生涯发展；从单纯就业目标转变为就业与升学并重的目标；教学内容由强调获得实际技能转变为技能与学术并重，并加强了非技能性能力的培养；招生对象进一步扩大；在为用人单位培养人才的同时，开始加强科学研究"。

在世界职业教育走向学术性与职业性相融合的今天，我国的职业教育的办学理念必须发生改变，不能一味固守传统观念，排斥学术性和学科知识，只重视一般技能的培养，应该走出狭隘的能力本位框缚，从"某一岗位需要的操作技能和知识"的能力本位转变为更加宽泛的包括一般素质在内的更高层面的综合能力本位，按照学术性与职业性并重的思想，建构培养目标，建设专业和课程，改革教学方法。同时，认真处理好"学术性"与"专业性""职业与生涯"等一系列问题，从而促进普通教育与职业教育的一体化发展。

（四）根据工作过程需要的课程开发理念

因为职业教育理论的逻辑起点是职业，所以职业教育的课程必须以职业教育内容为重心。又因为职业是一个社会组织概念，是工作过程的载体。而工作通常作为运用智力和体力制作物品或从事服务的过程，需要以工作的手段或技术来表现智力和体力，所以作为职业内容的技术便成为职业教育课程的逻辑起点。由于技术概念内涵的不断拓展和现代技术在职业领域的广泛应用，工作过程实际上已成为一个技术过程，所以职业教育课程被看作把个体导向技术体系的桥梁。

现代职业教育的课程形态是由技术的本质决定的。技术学理论主要包括技术哲学、技术社会学、技术史等具体学科，它们是厘清职业教育课程中技术与科学、技术知识的结构与性质、技术史与技术应用的社会性、技术与工作过程关系等问题的理论支撑。正是由于技术是工作过程中体现出和所要求的技术，所以，职业教育课程不仅要让学生掌握工作中所应用的技术，更重要的是必须使学生具备技术应用的社会情境所需要的整体素质。

在职业教育中，由于工作过程与工作过程中的技术不是简单对应关系，即工作过程不是依据由浅入深、由简单到复杂、由易到难而展开的，而技术知识本身存在着由简单到复杂的内在逻辑关系，二者之间不可能——对应。所以，职业教育的课程需要开发，在开发过程中既需要详细了解工作过程和工作过程中的技术，更需要重构工作过程与技术的关系，使技术知识的内在逻辑与学习过程的内在逻辑相统一，从而提高教育的针对性和学习的有效性。我们必须始终把握，"工作过程导向的课程实质，在于课程的内容和结构追求的不是学科架构的系统化，而是工作过程的系统化"。而工作过程的系统化，便是工作过程与工作过程中的技术各要素之间相互发生作用的结果。只有这些要素相互发生作用，才可能实现工作过程的系统化。

（五）职业教育中以任务为中心的实践教学理念

20世纪，传统职业教育的教学问题不仅仅是文化课和专业理论课太多的问题，更重要的是理论课与实践课的"两张皮现象"以及过于强调理论知识的系统性问题。然而由于缺乏对于问题的深入探讨，我国在实践过程中把主要精力放在了如何增加实践课上，甚至把课程目标定位于让学生掌握工作中需要的技能，使一些接受中等职业教育的学生最多只训练半年就可上岗工作，使职业教育的实践教学走向简单、片面和极端。

世纪之交，学科话语与实践话语的竞争形态发生了质的变化，以何种逻辑设置课程与组织课程内容被提了出来。按照工作诀窍和学科知识在工作过程中应用的结果，提炼课程内容，按照工作过程、工作任务的相关性而建构的"项目课程""任务引领课"成为实践导向的职业教育课程模式。由于职业教育课程是以工作知识为结构的，学科课程是以学科知识为结构的；而学科知识是按照知识的相关性被表征的，学科教育把知识与行动的联结关系置于学生日后的工作实践和行动之中，把"储备知识"当作首要任务；而职业教育要把知识与行动的联结关系前置，置于学生当下的学习过程之中，按照任务的相关性，打破知识的内在关系结构，重构知识与行动的产生式结构，以行动（完成任务）

与工作知识为联结，构成"工作知识—行动"的一系列组合，使"应用"贯彻学习的始终。所以，实践教学就必须与职业教育以工作任务表征工作知识的课程相一致，使实践教学成为以工作任务为中心而获取工作知识、以实践学习活动为载体促进工作任务完成和对工作知识加以固化和迁移的过程，而不是"理论—实践—再理论—再实践"的对理论知识的应用检验过程。

职业教育以任务为中心的实践教学是一个完整的整体，首先，是以工作任务表征工作知识，以工作中的技术知识结构组织教学内容；其次，是以工作任务为意识焦点，将"应用"贯穿于教学过程之中；再次，是以真实的实践背景作为教学场景，为"应用"和工作任务的完成提供平台；最后，还要特别注意技术问题结论的开放性，在教学过程中发展学生的创造性。只有这样，教师即便站在传统的课堂上，所进行的也是一种"实践教学"，因为我们的课程始终是以实践为主导的。而那些在课堂讲理论知识，再在实践活动中"应用"学科知识的方式，即便是纯粹的实践活动也不能算作职业教育现代理念下的实践教学。在现实的职业教育中，很多学校都把实训、学习、顶岗等实践活动看作实践教学，并与理论教学相分离。但实际上，实践活动在教育功能上永远无法与教育活动相比，实践活动是一种零碎的无边界的工作任务组合，而教育活动是一种目的清楚、过程明确、边界清晰的育人过程。实践教学必须是有明确目标的边界清晰的有组织的活动。如果实践教学单纯为实践活动所代替，是难以实现教育的社会化功能和培养技术应用型人才之目的的。

（六）基于深度融合的职业教育校企合作理念

坚持政府领导和统筹，坚持依靠行业、企业办学是中国特色职业教育发展的重要历史经验。行业、企业参与职业教育的机制不够健全是职业教育发展存在的主要问题之一。调动行业、企业参与职业教育的积极性和主动性，实现校企深度融合，既需要法规完善和政策协调，又需要职业教育内部深化改革，不断适应市场变化，面向社会、面向市场办学，主动加强与劳动力新市场的关系，不断创新体制、机制和人才培养模式，不断提高教育教学质量。

由于文化传统、教育传统、社会发展、经济发展等所带来的对职业教育的理解不同，"产学"结合或"校企"合作在不同国家有不同的体现。从广义上讲，"产学"或"校企"合作可以被理解为企业与学校联合培养技术、技能型人才，但我国通常把这种合作理解为职业院校寻求企业对其办学的支持。从企业参与职业教育的动机上看，在西方许多国家中，许多学校在发展过程中都接受过大笔捐赠。首先，西方在法律上规定了捐赠可以折税或免税；其次，出于慈善动机，把参与"产学"或"校企"合作看作一种促进社会进步的责任和义务；最后，"获利有利于公益事业才是正当的"的价值观已成为一种核心精神，美国早期商业巨子洛克菲勒在遗嘱中所说的"死而富有是一种耻辱"。马克思·韦伯所说的"仅当财富诱使人无所事事，沉溺于罪恶的人生享乐之时，它在道德上方是邪恶的；仅当人为了日后的穷奢极欲、高枕无忧的生活而追逐财富时，它才是不正当的"的价值观，不仅被西方人所张扬，而且成了企业参与"产学"合作的重要支柱。当然，为了获取切身利益也是企业参与"产学"合作的重要动机。通常情况下，企业可在"产学"合作下获得三种切身利益。一是公共关系利益。参与"产学"或"校企"合作的企业由于被认为具有更强的社会责任感，而更易获得良好的声誉和公共关系。二是廉价劳动力的来源。在"产学"或"校企"合作中，实习实训的学生的低工资，使企业可以降低产品的成本。三是未来的工人来源。"产学"或"校企"合作有利于企业招聘合格的劳动力。同时，在国家层面上，企业缺乏有能力的劳动力队伍是"产学"或"校企"合作的集体动机。虽然集体动机有可能支持广泛开展的产学合作，但只有阐明和规范集体利益的规章制度作保障，集体动机才能发挥作用。

就我国的职业教育的"产学"或"校企"合作而言，发展成熟的行业协会，提高政府的支持作用，建立"产学"合作的法律与制度，是"产学"或"校企"合作的保障条件。但我们不能等一切条件都具备了再去搞"产学"或"校企"合作，一切完善的制度都是在"产学"或"校企"合作过程中不断总结完善的。自21世纪以来，"世界职业教育的产学"或"校企"合作的理念在利益、动机、责任等层面上又有所深化，那便是基于"文化吸纳"的"产学"或"校企"合作理念。仅仅为利益双赢的"校企"合作是十分脆弱的。只有文化的交融和依恋才是持久的。任何一种文化都是经过长期积淀而形成的。企业在激烈的市场竞争中，不仅培养了市场敏感和危机感，而且始终坚持以利润最大化为目的，突出质量生存意识，笃守求效信念，形成了各具特色的企业文化。学校则有着浓厚的学术氛围和严谨的治学态度，容不得浮躁，内部关系也相对单纯和稳定。如果我们仅仅把"产学"或"校企"合作当作提供工作岗位，提供见习、实习机会、捐资捐款来源的学校期望，而不是把企业文化对学校的管理及对学生成长的影响当作完善学校文化的教育自觉；如果企业仅仅把学生视作劳动力补充或见习实习的低廉劳动力成本而参与合作，而不是把学校"沉稳"的文化底蕴吸纳进来，以增强竞争的持久力，那么，"校企"合作在缺乏有效制度支持的情况下就很难持久地进行下去。

作为一种基于文化吸纳的"校企"合作，学校不仅需要吸纳企业"以竞争求生存""管理增效益""质量就是生命""时间就是金钱"等管理理念，而且需要不断吸纳企业管理规范、技术规范、操作规范，及时更新教育教学内容，改革和完善课程论体系，不断提高服务企业的能力，主动创造合作需求，树立企业文化与学校文化相融合的文化价值观，坚持求同存异，客观对待客体文化的一些相对性的缺陷和不足，理智选择并耦合双方文化中的有利元素。仅仅为经济效益的双赢而进行的合作是十分脆弱的，以文化吸纳为主导的合作才能通过文化的融合而实现共赢。

基于文化吸纳的校企深度融合，主动权在学校。无论在什么情况下，企业更希望与具有文化借鉴意义和能提供具体服务的学校合作。虽然学校之间会由此互为竞争者，只有不断深化改革、提高校企合作竞争力才能获取被选择权。一旦实现校企深度合作，便会形成学校与企业两个育人主体、两个育人环境、两支育人队伍共同培养人才的良好格局。这不仅对于专业建设、课程建设、实训基地建设、双师型师资队伍建设具有十分重要的意义，而且对于学生就业、学校建设筹资具有重要作用。

虽然职业教育的理念还有诸如"质量与效益兼顾""师资队伍素质上的'双师型'""多元投资"等，但就职教发展的趋势而言，这些理念需要在发展实践中进一步清晰和不断完善，才能够上升到符合体系的理性的层面上来，因此没有全面展开，一一阐述。

第二章　世界职业教育发展分析

高素质的技能型人才，是一个国家发展经济必不可少的组成部分。在国际经济竞争中，技术和人才发挥着重要作用。因此发展职业教育是培养技能型人才的重要手段之一。无论是发达国家还是发展中国家，都意识到了这一点，因此，这些国家大力发展职业教育，增强国力。

第一节　世界职业教育发展概述

一、日本职业教育的发展概述

日本位于亚洲东部，是世界上职业教育最发达的国家之一。尤其是自二战以来，职业教育在日本经济迅速恢复、高速增长的过程中发挥了至关重要的作用，成为日本经济腾飞的助推器。

（一）日本职业教育发展历程

日本近代职业教育的发展始于1872年颁布的《学制令》。这个法令"首次确立了职业技术教育在整个教育体系中的位置"。这一时期，日本职业教育的地位虽然已经明确，但仍处于一种比较零散的发展状态，还没有独立的职业技术教育机构和管理部门。职业教育主要由各个产业部门举办。直到1880年，日本政府明确规定了各行业部门主办的职业教育机构归文部省，职业教育才有了专门的管理机构。

一战期间，日本结合战时国际社会需要和本国发展实际，提出要大力发展职业技术教育，以满足生产军用物资所需的大批技术人才。与此同时，日本为适应当时社会对高层次技能型人才的需要，开始扩充高等职业技术教育机构，增设了一批高等专科学校，又于1921年制定《职业学校章程》，规定除现有的实业学校外，为适应社会形势新办一批职业学校，同时对社会举办的实业补习学校予以承认。通过这一系列政策，日本的职业教育得到较快的发展。这一时期，日本的职业学校数及学生数有了大幅度的增加。至一战结束，日本初步形成了一种以实业学校、高等专科学校和实业补习学校为中心的职业教育体系。

一战后，日本经济快速发展，产业结构发生变化，农业在整个国民经济体系中的比重有所下降，重化工工业的比重不断增加。日本政府为适应产业结构调整的需要，注重提高国民的素质。在此背景下，日本对职业教育进行了改革，增设中等职业学校，同时开始整顿充实高等职业教育。二战期间，日本政府为应对经济危机，促进社会经济的恢复，职业教育的发展强调以工业教育为中心，大力发展实业教育。同时将"职业教育军事化"，着眼于满足战争需要。日本的职业教育为军需产业培养了大批技术人才，同时也为战后日本经济的恢复储备了大批技能型人才。

二战后，尤其是 20 世纪 50 年代后期到 70 年代初，日本经济进入了以实现工业现代化为中心的高速发展期，产业结构发生了很大的变化，开始由劳动密集型向技术密集型转变，更加强调科学技术在经济发展中的作用。在这种形势下，单一的四年制综合大学已满足不了经济发展的需要。日本开始以美国为范本对教育进行改革。这一时期，日本政府更加重视发展高等职业技术教育，开始设立一些专科性质的高等职业技术学校。如在对原有教育进行改革的过程中，将一些私立的专门学校进行改制，于 1950 年，批准设立了短期大学，作为普及女子高等教育的主要机构。1962 年，第一批 19 所以培养中级骨干技术人才为目的的工业技术专门学校诞生。1975 年，日本通过修订《学校教育法》，将专修学校制度化。在中等职业教育方面，从 20 世纪 70 年代开始，为提高中等职业教育培养人才的素质，日本开始注重拓宽职业教育的基础。1976 年，日本职业教育委员会审议通过了《关于高中职业教育的改革》，提出职业教育要重视学生综合素质的培养，加强课程的综合化，以克服高中阶段职业教育的封闭性，给学生更多的选择机会。同时，随着经济的高速发展，日本的企业内培训也日趋完善，成为整个日本职业教育体系中的一个重要组成部分。

20 世纪 80 年代，日本的经济和科技水平在全球都处于领先地位。与此相适应，日本的教育也得到了较快的发展，已基本普及高中阶段教育。这一时期职业教育的发展开始重视满足个体的发展需要，突出教育的灵活性、个性化和特色化，引导学校通过开设个性化的课程来满足不同受教育者的需求。20 世纪 90 年代，随着日本高等学校剧增，以及 18 岁青年人数的减少，日本提出了新的职业教育发展策略，将发展重心转移到了提高高等职业教育的质量上。

进入 21 世纪以来，随着经济全球化和社会信息化的进一步加强，日本的职业教育开始注重开展广泛的国际交流和合作，注重培养具有国际意识的技能型、创新型人才。同时，日本政府积极推进职业教育的信息化，要求学校充分利用信息网络资源提高教育教学质量。为了适应学习化社会的趋势，日本在全国提倡终身学习的理念，重视国民的职业生涯教育，积极构建学习型社会。随着日本经济社会的日趋成熟，日本的职业教育也不断完善，目前，已经形成了多层次、多类型、比较完整的职业教育体系，主要包括学校职业教育、企业内教育和公共职业训练三大部分。

（二）日本职业教育的特点

日本职业教育的发展深深植根于本国经济社会发展的需要，同时根据社会经济发展形势的变化不断做出相应的调整。这就使得日本的职业教育既呈现出明显的阶段性特征，又表现了独特的本国特色。

1. 企业积极参与职业教育

日本企业特别重视职业培训，把人的培养视为生产竞争获胜的关键。东京大学天野郁夫教授指出："如果日本教育有什么秘密武器的话，就是企业再教育这个法宝。"这句话向我们生动展现了企业内教育在日本经济社会发展中的巨大作用。企业普遍实行的终身雇佣制和年工序列制是日本企业内教育发达的重要因素。企业内教育主要是由企业进行的，以车间为中心，以提高工作能力为目的的一种教育训练。企业内教育，顾名思义，可以说是一种最典型的职业教育。日本企业内教育内容丰富、体系完善、形式多样，经过长期的发展，已形成了自己的特色，成为日本职业教育的突出标志。日本几乎所有的大型企业都设有专门的职业教育机构，实施企业内教育。日本的企业职业教育体系是按照企业内人员不同级别和职业种类的结构建立起来的，是训练职业岗位能力的体系，而不是学历教育体系。企业内教育是一种全员培训，具体包括新工人教育、技术人员教育、管理人员教育、领导人员教育等。培训内容也涉及生产过程的方方面面，有生产技术教育、服务及技能教育、安全教育、经营理念教育、综合管理教育等。日本企业职业教育的方式多种多样，而最普遍的教育方式有在岗培训、离岗培训和自我启发式培训等。企业内教育的首要目的就是提高劳动生产率，因此企业内教育的各个方面都与生产紧密相连。

2. 重视职业教育立法

日本政府重视通过法律规范职业教育的发展。二战后，日本政府相继制定了多部职业教育法律法规。1947年，日本政府先后颁布《教育基本法》《劳动

基准法》和《职业安定法》；1951年日本政府仿效美国的《史密斯－休斯法》，颁布了《产业教育振兴法》等；1958年，日本国会通过了《职业教育法》；1966年，颁布了《雇佣对策法》；1969年，颁布了《职业能力开发促进法》；1978年，颁布了《部分修改职业教育法的法律》；1979年，颁发了《职业训练法》；1997年，颁布了《雇佣—能力开发机构法》。可见，日本的职业教育法律既有宏观层面的基本法，也有针对某一具体领域的专门法，而且以上所有的法律法规都密切结合当时经济社会发展的需要，针对职业教育中比较突出的重大问题做出了明确规定。日本通过职业教育立法，确保了国民接受职业教育和培训的权益，明确了日本职业教育实施主体的权力和义务，明确了企业发展职业教育的责任，推动了职业教育的规范化和法制化。

3. 多元化的职业教育投入体制

在职业教育经费投入上，日本的职业教育的投入体制呈现出多元化，以社会资金为主，政府财政和地方财政投入为辅。日本教育经费可分为学校教育费、社会教育费、教育行政费三大部分。教育经费主要来源于国家、地方财政和学校法人。国家资金主要用于义务教育、高等教育和教育行政开支。日本的职业教育大部分依靠社会力量，因此，职业教育经费在日本整个教育经费中所占比重不大，仅占3%左右，其中，国家投入占0.7%，地方投入占7.7%，学校法人占91.6%。如日本的短期大学就以私立为主，据统计，2006年，在日本短期大学中，私立大学的比例高达89.7%。虽然社会资金的投入远远大于政府财政投入，但作为整个社会就业和保障的一部分，政府仍非常重视通过设立各种项目投入资金对职业教育进行支持。例如，日本东京都教育委员会于1996年给普通高中的经费是50～60亿日元，给职业高中的经费是100亿日元。2008年7月，日本政府出台了《教育振兴基本计划》，对日本未来10年教育发展做了统一规划，指出日本政府今后10年的教育财政总体目标是筹措必要的财源，接近或达到经合组织中各国教育财政支出占国内生产总值比例的平均水平。如果这个计划能够实现，政府对职业教育的财政支持力度也将进一步加大。

（三）日本职业教育的改革与发展

1. 中高职加强衔接

近年来，随着经济社会的快速发展和高等教育的普及化，日本国民对高等教育的需求越来越大。为适应激烈的社会竞争，更多的人选择接受普通教育，追求高学历。中等职业教育尤其是职业高中的发展遭遇危机，出现了普通高中资源紧张，而职业高中无人问津的局面。与此同时，日本经济发展所需的技术工人却日益短缺。针对上述问题，日本政府也进行了一系列的改革，以促进职业教育的进一步发展。在此背景下，日本采取推荐入学和替代考试科目等办法，建立和完善了中等职业教育与高等职业教育、普通教育与职业教育的衔接，试图变终结性的职业教育为阶段性的职业教育。同时，注重提高职业高中的教育教学质量，改变原来单一的教学内容，对学生进行全面的职业技能教育，如增设一些人文、社会等基础学科，拓展学生的基础能力，以便将来能适应瞬息万变的社会。

2. 公共职业能力培训体系的建立

日本《职业能力开发促进法》第16条规定，国家设立职业能力开发短期大学校、职业能力开发大学校、职业能力开发促进中心。另外，《职业能力开发促进法》第96条进一步规定，国家设立的公共职业能力开发设施的运营委托独立行政法人高龄·残障求职者雇用支援机构代为管理。因此，日本的公共职业能力开发和培训机构实质上是由国家（厚生劳动省）设立的独立行政法人机构代为设立与管理，从机构功能和培训形式上分为职业能力开发短期大学、职业能力开发大学校、职业能力开发促进中心及残障者职业能力开发学校。由于此类职业能力开发培训机构属于非学历技能培训，因此职业能力开发培训机构未被列入日本学校教育系列。

日本《职业能力开发促进法》规定，日本国家和都道府县各级地方行政机构要设立专门的公共职业能力开发机构，以培训劳动者在不同阶段系统学习和掌握相关职业的必要知识。这些开发机构包括以下几类。

①职业能力开发综合大学校。由厚生劳动省所属独立行政法人高龄·残障·求职者雇用支援机构运营掌管的日本职业培训核心机构。主要负责培养手工技能领域专业职业培训指导员，同时开展必要的调查和研究。为了体现大学校的特殊性，通过开设综合核心课程实施引领日本手工技艺发展方向的工艺创新。大学校在开设专业课程和应用课程的长期培训的同时，也可开设短期普通职业训练与培训的公共设施，以培养高级技能人才为目的，遵循《职业能力开发促进法》的各项规定，不纳入学校教育法规定的学校教育（大学、短期大学）系列，因此被称为"大学校"。开设短期、长期训练课程并通过高级职业培训以开发和提高专业性、实用性职业能力；开设厚生劳动省规定的职业资格长期培训课程的公共设施。全日本共设有10所此类职业能力开发大学校。大学校分别开设专门课程（2年制）和应用课程（2年制）。应用课程以专门课程毕

业者为培训对象。大学校的教育目标是培养技能创新型人才。学生毕业后，可由独立行政法人大学评价和学位授予机构授予日本生产技术学士学位。

②职业能力开发短期大学校。此类机构一般指国家作为公共职业能力开发培训机构设立的职业能力开发短期大学校。即独立行政法人高龄·残障·求职者雇用支援机构附属的 12 所职业能力开发短期大学校。但是，在取得厚生大臣许可的前提下，各都道府县及地方行政也可设立短期职业能力开发大学校，截至 2010 年底，日本各都道府县共设有 13 所此类大学校。同时，在达到厚生省规定的设立标准的前提下，可由都道府县知事认定设立作为职业资格与职业技能培训法人机构的能力开发短期大学校。截至 2010 年，日本共有 11 所此类性质的培训机构。此外，日本企业作为内部培训机构也可设立相应的职业能力开发短期大学校，松下、马自达等大型企业都设有此类职业培训教育机构。能力开发短期大学校作为培训劳动者以掌握相关职业必备的高级技能及相关知识的公共设施，开设短期、长期训练课程，从事高级职业培训。

③职业能力开发促进中心。这是开设短期课程、进行普通和高级职业培训的公共机构。而日本的残疾人职业能力开发促进中心则专门面向由于身心残障无法接受普通职业培训的残疾人的。它是残疾人根据自身残障等级和能力，接受普通或高级职业培训的公共机构。作为终身学习的重要途径之一，公共职业能力开发促进中心向劳动者提供不同阶段的、不同等级的相关职业技能和必要的职业知识。

3. 企业内培训实行全面改革

自进入 21 世纪以来，随着以互联网为代表的新经济形态的兴起和世界经济产业层次重心的逐步调整，日本企业面临着产业结构调整和提高国际竞争力的双重压力。日本企业的终身雇佣制度受到冲击。在此形势下，日本的企业内培训也面临重重困难。为适应国内外面临的新形势，日本也开始对企业内培训进行革新，如培训重点由重视技能培养转变为关注人的可持续发展；教育方式由在以岗培训为主逐渐向脱岗培训、自我启发式培训等多种培训并举转变；开始进行合作培训，以避免企业间职业教育培训项目的重复，节省资源；为适应国际化的需要，日本企业逐渐注重与国外企业的联系，通过留学培训等方式，培养国际性企业所需人才。通过这些措施，既推动了日本职业教育的国际化，又促进了日本企业内培训的持续发展。

二、德国职业教育的发展概述

德国位于欧洲中部，是高度发达的工业国家，也是世界上经济和科学最发达的国家之一。德国是世界上最早开展职业教育的国家之一，其"双元制"职业教育蜚声世界，被称作二战后德国经济腾飞的"秘密武器"。

（一）德国职业教育发展历程

德国职业教育起源于中世纪的行会制度。当时，师傅带徒弟的形式在手工业部门的某些行业中盛行起来。这为德国职业教育的发展奠定了基础。到了17世纪后期，这种师带徒的模式已成为各行业培养后备技能人才的主要途径。师傅在传授技艺的同时，也承担起了教育的责任。师带徒的形式成为德国职业教育的最初形态。到18世纪，随着德国工商业的兴起，社会急需大批掌握技能的人。师带徒的培训方式已满足不了社会发展的需要。这时"一批实科学校、商业学校和各种职业专科学校应运而生"。学校形态的职业教育开始得到发展。19世纪，随着大工业的发展，德国传统农业向新型工业转变，对社会劳动力提出了更高的要求，师带徒培训模式的主导地位逐步被系统的学校职业教育和培训所取代。

到20世纪初，受到第二次工业革命的影响，德国的经济快速发展，科学技术水平得到很大提高，对劳动者素质的需求呈现出多层次化、多类型化。与此相适应，德国的职业教育也呈现出学校职业教育与企业培训共同发展的局面，这一时期，德国的"双元制"职业教育初具模型。二战后，作为经济社会重建的一部分，德国的职业教育也得到了政府的高度重视，又建立了职业补习学校和继续进修学校等类型的职业教育机构。

20世纪六七十年代，以1969年联邦政府颁布《职业教育法》为标志，德国进入了职业教育体系逐步形成的时期。《职业教育法》的颁布，"在德国职业教育史上是一个里程碑式的文件，标志着双元制作为一个完整的培训体系完成了其制度化的过程"。为改善职业教育财政投入不足的问题，德国政府对职业教育管理体制进行了改革，由地方管理的职业学校交由州政府管理，在一定程度上促进了学校职业教育的发展。这一时期，德国还加强了对职业教育的研究，于1974年正式成立了联邦职业教育研究所，专门开展职业教育的研究工作。随着经济技术的不断发展，德国形成了中等职业教育与高等职业教育相衔接、培养培训互为补充的职业教育与培训体系。

自20世纪80年代以来，随着欧洲现代化进程的快速推进，国际合作的加强以及科学技术的快速发展，德国的职业教育也开始走向国际化。德国因其成功的"双元制"而备受国际关注，很多国家都开始学习德国经验。德国也开始

走出国门，与很多国家开展了职业教育方面的国际合作。20 世纪 90 年代，我国不少地区也都建立了德国职业教育培训中心，学习借鉴德国成功的职业教育发展经验。同时，为适应终身学习的浪潮，德国也开始大力发展职业继续教育。

目前，德国已经形成了初、中、高等职业教育比例合理的，职前职后培训相结合、普通教育与职业教育相沟通的完善的职业教育体系。

（二）德国职业教育的特点

1. 形成了独具特色的"双元制"职业教育体系

"双元制"在德国的职业教育领域中处于主导地位，并在政府及社会的支持下不断完善。所谓"双元制"职业教育，是指青少年在企业里接受职业技能培训，以及部分时间在职业学校里接受专业理论和普通文化知识的职业学校义务教育，将企业与学校、理论知识和实践技能紧密结合起来，主要以专业技术工人为培养目标的职业教育培训制度。受培训者以学徒身份在企业内接受职业技能和相应知识的培训，以更好地掌握"怎样做"的问题。同时，又在职业学校里以学生身份接受与职业有关的专业理论和普通文化知识教育，以了解实训技能操作中"为什么这么做"的问题。作为双元制核心的"双"，其实质是学校与企业的合作，并且企业在两者中占主导地位。学生作为学徒在公司工作，同时要定期学习职业课和基础课，学生在企业和学校的一般时间比为 3：2 或 4：1。双元制职业教育的"双元"在组织和实施上具体体现在：培训地点上的"双元"，包括企业与职业学校；受训者身份上的"双元"，受训者既是学生又是学徒。这些基本要素包含在双元制职业教育的整体内，成为其不可或缺的重要组成部分，这也是"双元制"职业教育的特色所在。

2. 形成了健全的职业教育法律法规体系

德国政府对职业教育的管理、监督和组织实施，主要通过立法制约。因此，德国对职业教育发展的各个方面几乎都有相应的法律规定。1871 年，《德意志帝国宪法》把职业教育列为义务教育的范畴。1969 年，德国颁布实施的《联邦职业教育法》是德国职业教育最基本、最权威的法律，是职业教育的基本法。除此之外，德国有关职业教育的重要法律还有：1965 年实施的《手工业条例》，1969 年实施的《联邦劳动促进法》，1972 年制定的《企业宪法》，1976 年颁布的《联邦青年劳动保护法》，1981 年制定的《联邦职业教育促进法》，等等。为了适应经济社会发展的需要，德国不断调整职业教育的法律规定，特别是 2005 年将《联邦职业教育法》与《联邦职业教育促进法》合并，修订后颁布实施新的《联邦职业教育法》，重新明确了企业在促进职业教育发展中所应承担的职责，并指明了职业教育改革发展方向。法律体系的完备为德国职业教育的良性发展奠定了坚实的法律基础。

3. 行业企业广泛参与职业教育

德国的职业教育的主要特点之一，就是以企业培训为核心，行业企业积极参与职业教育。在教学上，企业培训与学校教育相辅相成，理论与实践相结合，形成了一个有机整体。企业和职业学校之间并不是简单的合作，而是以企业实践训练为主、职业学校的理论教学与之相配合的一种深度合作。在培训过程中，企业是办学主体，它根据行业、岗位以及资格考试的需求设置教学内容，而职业学校的理论教学则与之保持内容上的一致性和连贯性。在经费投入上，德国的职业教育经费投入是由公共财政和私营经济共同资助的一种多元投入体制，职业教育的经费由政府和企业共同承担，以企业为主。企业通过出资建立职业培训机构、购置培训设备、承担实训教师的工资和学徒的实习工资等方式资助职业教育。德国联邦政府设立中央基金，以法律形式向国营和私营企业筹措经费，专门用于职业教育支出。德国政府规定，所有企业，无论国营和私营，在一定时期内都要提取企业员工工资总额的 0.6%～9.2%，缴纳给中央基金。中央基金由国家按照分配制度和申请条件统一分配，这就从制度上保证了行业企业对职业教育与培训的经费投入。

4. 政府重视对职业教育的管理和引导

政府在职业教育发展中起着重要的作用。德国联邦政府通过立法、政策引导、制度保障以及科学研究等方面的措施促进了职业教育的发展。德国企业之所以愿意承担培训的职责，除了维护自身利益的需要之外，更为根本的原因在于：一方面与德国的社会文化传统及其影响下的企业的社会责任意识密切相关，另一方面也与政府政策的号召、法律的规范以及其他各种积极的影响直接相关。德国职业教育采取分权制管理制度。根据《德意志联合国基本法》规定，各州拥有教育主权，所以德国职业教育体制的基本特点是：学校形式的职业教育由各州负责，按照《州学校法》规定实施；校外特别是企业形式的职业教育，则由联邦政府负责，按照《联邦职业教育法》的规定实施。联邦一级的职业教育行政管理机构包括联邦教育和科学部、联邦职业教育研究所、联邦有关专业部和联邦劳动与社会秩序部。州文教部以及州职业教育委员会是州一级的职业教育管理部门。地区一级的行业协会，包括工商行业协会、手工业行业协会、农业协会、律师协会等经济组织，是德国职业教育最重要的自我管理机构。通过职责明确的分权管理制度，联邦政府对职业教育的管理实现了科学化、规范化。

（三）德国职业教育的改革与发展

1. 修订颁布新的《联邦职业教育法》

2005年，德国联邦政府颁布实施新的《联邦职业教育法》，这是德国职业教育领域近几年的一项重大变革。新法对双元制以外的职业培训或职业预备教育以及全日制形式的职业学校予以认可，拓宽了职业教育的领域；明确了学校可以成为校企联办培训机构的主要举办者，允许多种培训形式存在，促进了职业教育形式的多样化；新法明确了要加速建立现代化的职业教育培训体系，加速了职业教育的现代化。德国在颁布新职业教育法时指出，新《联邦职业教育法》就是要给职业教育的改革与创新构建一个更具灵活性与竞争性的框架。与其配套的《职业教育条例》没有规定企业和学校应该采取何种具体的教学组织形式，学校和企业可根据具体职业工作的要求来组织教学，注重因行业制宜，结合自身实际情况做相应的安排。新法的颁布使得企业与学校的合作将进一步加强，"双元制"职业教育的灵活性进一步得到增强，德国职业教育的国际竞争力也进一步提高。

2. 注重提高职业教育的质量

为进一步提高职业教育质量，提高青年人的持续就业能力，解决国家技能型人才紧缺的问题，自2003年以来，德国联邦政府连续开展"职业教育攻势行动"。主要措施有：开展全国性的职业教育宣传活动；将6月24日定为"职业教育日"；增加职业教育经费投入；增加新兴行业的职业教育等。德国政府试图通过这一系列举措提高职业教育在本国及国际社会上的影响力，以培养更多优秀的技能型人才服务于德国经济的发展。

3. 大力发展职业继续教育

进入21世纪，科技在经济发展中的作用进一步凸显出来，不断更新和扩展已掌握的知识和技能，对提高个人就业竞争力，增强企业发展后劲至关重要。面对工作中出现的新挑战，人们意识到只有不断加强学习，才能获得更多升迁和发展的机会。德国政府也逐渐意识到继续教育对整个经济社会发展的推动力，并逐步采取多种强有力的措施推进职业继续教育。德国政府提出"要加强职业继续教育立法，规定所有的职员都有权享受每年5天的带薪继续职业培训"。政府明确规定，行业协会和企业都要开展职业继续教育。另外，专门培训公司、职业学校、大学等也为社会提供继续教育服务。继续教育的内容也呈现出较强的针对性和广泛性。职业继续教育的繁荣，为德国建立学习型社会奠定了基础。

三、澳大利亚职业教育的发展概述

澳大利亚位于大洋洲，是一个后起的发达资本主义国家，自 20 世纪 80 年代以来，经济发展一直保持着良好的势头，职业教育和培训为澳大利亚经济发展源源不断地输送着高素质的劳动力，为经济发展做出了巨大的贡献。

（一）澳大利亚职业教育发展历程

从 18 世纪末到 20 世纪初的 100 多年间，澳大利亚作为殖民地，经济主要以农业和矿业为主。这一时期的职业教育的形式也主要沿袭英国的学徒制。直到 20 世纪初，随着澳大利亚的独立，工业开始得到一定程度的发展，现代意义上的职业教育才开始出现。第二次世界大战以后，尤其是在 20 世纪 50 ～ 60 年代，澳大利亚积极发展工业，制造业有了迅速的发展。为适应工业化快速发展的需要，政府开始设立技术学院作为职业教育的专门机构。20 世纪 70 年代到 90 年代，是澳大利亚职业教育改革发展的关键时期，职业教育体系开始形成，技术和继续教育（简称 TAFE）学院"逐渐成为进行职业教育的主要机构"，逐步确立了其在职业教育中的主导地位，并以其自身的巨大优势享誉世界。同时，受个人发展和行业需求的驱使，澳大利亚的职业教育和培训网络开始发展起来。到 20 世纪 90 年代末，出现了新学徒制、国家培训框架和基于学校的职业教育与培训，澳大利亚的职业教育与培训体系初步形成。

进入 21 世纪以来，澳大利亚更加重视职业教育与社会经济的协调发展，更加重视满足每个人的个性化需求。澳大利亚政府致力于为不能升学的青少年提供与大学学历教育同等质量的职业教新育与培训。同时在普通教育和职业教育之间通过职业资格证书建立起了相互沟通和融合的桥梁。此时，职业教育与培训共同发展。职业教育与普通教育相互沟通的职业教育体得以建立。

（二）澳大利亚职业教育的特点

在多年的发展历程中，澳大利亚形成了以技术和继续教育为主体的职业教育和培训体系。其特点主要表现在以下几个方面。

1.建立了独具特色的技术与继续教育体系

澳大利亚的技术与继续教育经过多年的发展，形成了比较完善的体系，是澳大利亚职业教育发展的一种主要模式，其特色主要体现在统一规范的课程体系上。澳大利亚政府明确规定，所有 TAFE 机构的课程开发必须依据培训包。"培训包是对从业者的技能进行认证和评估的一系列标准和资格，其目的在于界定从业者在工作岗位上有效工作所必需的技能和知识"，由澳大利亚国家行

业技能委员会统一制定并颁布。培训包为 TAFE 课程的开发提供了重要依据，为其课程的统一规范提供了保障。TAFE 机构的教学针对不同的学习对象和课程类型，采取各种灵活多样的方式。教学既有全日制，又有部分时间制，以部分时间制为主。教学方法有现场教学、远程教学、教师指导、企业实践、自学等，教学的内容、方法、进度等都根据学生的不同特点来选择。在边远偏僻地区还可以通过远程教育、流动教室等形式获得教育与培训服务。TAFE 机构教师采取专职和兼职相结合的方式，专职教师约占教师总数的 1/3，兼职教师约占 2/3。目前，TAFE 学院是职业教育与培训的主要提供者，是澳大利亚职业教育的主力。

2. 建立了全国统一的职业资格证书制度

20 世纪 90 年代，澳大利亚政府为加强对培训市场的统一领导，促进其规范化发展，建立了澳大利亚国家资格框架。资格框架包括培训框架、认证框架和资格标准框架，每个框架都有其指定的作用。培训框架主要对培训机构的资质和所应提供培训的质量标准做出明确而具体的规定。认证框架主要对资格证书的认定机构的资质和认定标准作出规定。资格标准框架用 12 级资格涵盖了义务教育之外的所有教育机构，包括中等教育、职业教育与培训和高等教育，并在某几级资格建立了职业教育与普通教育间的衔接。通过资格制度，就在全国范围内建立了统一的、可以相互沟通衔接的证书体制，从而在宏观上解决了证出多门、培训机构管理分散、信誉不高的问题。近年来，为通过职业教育与培训进一步促进社会经济的持续发展，澳大利亚也对资格框架进行了调整和完善。2007 年，澳大利亚出台的第四版《澳大利亚资格框架实施手册》将原有的 12 级资格调整为 15 级。新的资格框架提高了普通学校的认证资格，规定通过职业教育与培训也可以获得研究室证书和文凭。这就进一步促进了学生终身学习和多样化的教育与培训体系的发展。

3. 行业在职业教育与培训中发挥主导作用

职业教育与行业的紧密结合是澳大利亚职业教育成功的一大法宝。澳大利亚的职业教育与培训和产业需求真正实现了零距离对接，这主要得益于行业在职业教育与培训中发挥的主导作用。行业的主导作用主要通过全国的行业咨询委员会来实现，具体表现在以下几个方面。一是行业在政府的决策和管理中发挥主导作用。行业咨询委员会负责向政府提供最新的岗位能力要求和就业动态信息，为政府调整政策提供重要参考。二是行业在职业教育培训的组织开展中发挥主导作用。作为全国职业教育培训和考核标准的培训包，就是由各个行业和企业共同制定的，每两年就要根据社会发展需求的变化更新一次。三是行业直接参与职业院校教育教学全过程，如专业设置、课程开发、教学内容的确定以及师资队伍的建设等，保证了职业教育及培训与企业岗位需求的对接。四是行业在职业教育与培训的评估中发挥主导作用。澳大利亚在多年的发展中形成了一整套科学化、规范化的职业教育与培训质量评估体系，其中，行业的作用功不可没。评估标准的制定、评估工作的组织、对毕业生的跟踪调查等都由行业专门负责，并形成了长效机制。这在很大程度上保障了澳大利亚职业教育与培训的质量。

4. 实行市场化的职业教育和培训运作模式

澳大利亚政府对职业教育和培训机构的经费资助形式不是直接划拨，而是"购买"教育培训。政府在确定"购买"哪所学院的教育培训时，就会采取公开投标的市场运作方式。政府教育部门从宏观层面上制订教育培训战略规划，学院按国家技能标准和政府战略规划制订具体的培训计划，最后由政府组织力量进行评估。评估结果要综合政府目标、企业需求、培训质量和培训效益等多种因素。这种市场运作的方式，使得只有开展最适合企业需要的职业教育和培训的机构才能在竞争中得到拨款。市场化的经费管理模式，促进了澳大利亚职业教育与培训质量的提高。

（三）澳大利亚职业教育的改革与发展

1. 对学徒制进行改革

2006 年 6 月，澳大利亚职业技术教育部部长宣布"澳大利亚学徒制"将代替原来的"新学徒制"计划。这一名称的改变大大地促进了学徒制培训在传统行业中的发展。作为澳大利亚学徒制改革计划的第一步，随后的一系列的政策和行动，着力解决"双证融通"问题，如承认学徒制培训证书具有和大学毕业证书同样的价值，获得此证书的学生在职业发展、薪酬和个人发展上都将获得同大学毕业生同样的待遇，实现了从"新学徒制"到"澳大利亚学徒制"的改革和发展，较大地提升了学徒制培训的地位。这项改革的目的就是引起社会对学徒制培训的重视，从而使公民积极主动选择接受学徒制培训。

2. 设立"技术学院"

2005 年以来，技工严重短缺已大大影响了澳大利亚经济社会的发展。为缓解这种状况，澳大利亚在技能型人才紧缺、青年失业率高的地区，为 11 和 12 年级（相当于我国高二、高三年级）学生建立了 24 所技术学院，并于 2006 年

开始招生，于2008年全面运行。作为进行专业技术培训的高等职业学校，技术学院的建立解决了澳大利亚所面临的行业技术工人短缺问题，进一步改善了澳大利亚的职业教育和培训体系。技术学院的课程设置突出了基础课程和职业培训课程的有机结合，既能提高学生的基本素质，又能提高其就业能力。为吸引更多优秀的高中毕业生到技术学院学习，国家还出台了强有力的激励政策，如"政府将连续四年，每年提供100万澳元的资金颁发系列奖金激励学生"。

3. 政府进一步加强对培训的领导

澳大利亚联邦、州和地区政府，澳大利亚国家培训权威机构与工业、企业组织联合发布了国家发展职业教育与培训的重要政策文件：《塑造我们的未来：澳大利亚职业教育与培训2004—2010年国家策略》，提出了2004～2010年职业教育与培训发展的4个目标与10个目的。4个目标：职业教育与培训要保证提供高技能的劳动力来支持澳大利亚工业在全球经济中的地位；保证雇主和个人一直处于职业教育和培训的中心；通过学习和就业促进地区经济和社会文明方面的发展；澳大利亚土著人将学到工作所需的技能并形成共享的学习文化。这份文件进一步明确了2010年以前培训工作的目标任务和工作重点，为澳大利亚培训工作指明了发展方向。另外，2008年席卷全球的世界性金融危机也给澳大利亚造成了很大的影响。政府为加强对全国职业教育与培训的管理，于2008年底召开了职业教育与培训部长级会议，"重申了进一步改革职业教育与培训体系以适应新环境的决心，以及政府加大投资力度的承诺"，这对澳大利亚渡过经济危机提供了重要的人才支撑和智力保障。

四、美国职业教育的发展

美国是当今世界上最发达的资本主义国家，也是教育最为发达的国家之一。职业教育作为美国教育系统的重要组成部分，为美国经济的发展培养了大批优秀人才，是美国经济社会快速发展的重要因素之一。

（一）美国职业教育发展概述

15世纪到18世纪，美国完成了由原始的氏族社会向资本主义生产方式的转变，这也是由土著印第安人为主要居民转变为以英格兰人为主要居民的英属北美殖民地时期。与此相对应，其教育的发展也经历了移植、改造和创新的过程。17世纪到18世纪，作为英国殖民地，美国的职业教育同英国一样，实行学徒制。直到19世纪，美国开始产业革命，大生产取代了家庭作坊制，美国开始在中学中开设实科课程，进行职业教育。这一举措"打破了中等教育只是大学预备教育的传统，促进了中等教育的普及"。

18世纪到19世纪末，是美国自由资本主义的充分发展时期。这一时期，美国摆脱了英国的殖民统治，建立了资产阶级的民主共和国，并逐步确立了工业资产阶级的统治地位。国民经济得到快速发展，在短期内成为名列前茅的世界工业大国，同时在19世纪的后30年开始了向现代资本主义阶段的过渡。在职业教育上，美国逐渐改变了把学术放在第一位的教育理念，开始在中学和大学中设立一些适应当时经济发展需要的实用科目。标志事件就是1862年《莫雷尔法案》的颁布。该法案的颁布将大学从纯学术的状态中解放出来。大学教育开始注重实用主义。依据此法案，美国开始在大学中设立"赠地学院"作为高等职业技术教育机构，专门培养工农业发展需要的技术人才。

20世纪是美国现代资本主义即垄断资本主义的发展时期，也是现代资本主义不断改革和调整的重要时期。美国由世界工业大国迅速发展为世界头号超级大国，并一直保持到今天。这一时期，美国的教育也完成了由精英教育向大众教育的转变。职业教育也经历了二战后的恢复发展、法制化和现代化的阶段。美国国会于1917年通过了《史密斯－休斯法》，规定要由联邦政府拨款在中学建立职业教育课程。"它代表了美国政府第一次以立法的形式为职业教育发展提供财政补助"，具有重要的历史意义。1958年，《国防教育法》提出要加强职业教育，培养国家急需的各种科技人员，对美国职业教育的发展产生了重要影响。1963年，《职业教育法》是美国历史上具有里程碑意义的重要法案，重新确立了美国职业教育的目标，扩大了职业教育的类型和范围。20世纪70年代，美国开展了生计教育运动，职业教育逐渐发展为一种终身教育。

自20世纪90年代以来，以知识经济和信息应用为主要特征的社会形态改变了职业技能的水平和标准，要求教育做出改革，帮助学生适应新的发展趋势。美国开始谋求职业教育发展的新突破，在全国推行"从学校到工作"和"从学校到生涯"的过渡计划。这一计划主张将职业教育对象扩展到所有的学生，旨在加强学校与社会的联系，顺利解决学生从学校到工作、从学校到生涯的过渡问题。

（二）美国职业教育的特点

与世界上大多数国家不同，美国的职业教育与普通教育并非彼此平行、各成体系。在学制中没有单列的职业教育体系，专门的职业教育机构也很少，职业教育与普通教育在同一教育机构中，是融合在一起进行的。高中阶段的职业教育主要在综合高中进行，高等职业教育主要在社区学院进行。美国的职业教

育在长期的发展过程中，形成了以下特点。

1. 管理体制特点

在管理体制上，美国的职业教育形成了联邦政府引导、地方政府分级管理、学校自主办学的管理体系。

美国联邦政府教育部对全国的职业院校没有实行统一的领导和管理，主要通过立法手段、财政资助等进行引导。职业院校由各州及地方政府负责领导，各州一般都设置学区，由学区选举学院管理委员会，或称董事会。这一机构是职业院校的直接管理机构，为职业院校制定符合当地需要的教育方针和政策。职业院校可以根据情况适时确立和调整办学方针、专业设置、师资构成、组织管理等，享有较大的办学自主权。

2. 制度建设特点

在制度建设上，美国的职业教育形成了完备的职业教育法律体系。美国职业教育的成功与政府重视立法是密切相关的。从美国职业教育的发展来看，它的职业教育发展史可以说是一部职业教育立法史。1862 年，《莫雷尔法案》开创了在高等教育中开展职业教育的先例。1917 年，美国颁布的《史密斯－休斯法》使美国中等职业教育制度化。1963 年，《职业教育法》重新确立了美国职业教育的目标，扩大了职业教育对象的范围。1974 年，美国国会通过的《生计教育法》促进了普通教育和职业教育的融合。1982 年，《职业训练合作法》规定了企业对职业教育的责任。1990 年，《卡尔·珀金斯职业教育法案》和1994 年颁发的《2000 年目标：美国教育法》，开始重视学生从学校生活到职业生涯的过渡。每一个法案的制定都是美国职业教育发展的一个里程碑。这一系列法规、法令对职业教育的体制、经费、地位、形式都做了详尽而明确的规定，使得美国职业教育的实施有法可依、有章可循。通过职业教育法案的制定和实施，职业教育的规模和参与职业教育人员的范围不断扩大，美国职业教育的体系日益完善。

3. 办学形式特点

在办学形式上，美国的职业教育形成了面向市场、便利灵活的办学形式。美国职业教育机构立足市场需求，教育与培训对象既面向高中毕业生，又面向所有有教育和培训需求的成人；既提供职业技术文凭课程，又提供面向本科院校的升学课程，还提供地区性的教育与培训项目等。美国职业教育的特色——社区学院就面向社区、服务社区，办学非常灵活，没有入学考试，实行"免试招生"，在授课时间上尽量方便学生，在专业和课程设置上以实用为主，灵活多样。为适应学生的不同需求，美国的社区学院采取授予证书、文凭、副学士学位等方式。在教学方式上，不断增加教学的灵活性，开办日校班、夜校班、周末班、非周末班；教学采取小班上课、个别指导、多媒体教学等形式，并允许学生试听、退选、改选课程。美国的社区学院讲究实效，重视市场需求，面向市场办学，其专业设置、课程开发以满足社会需要为原则，专业和课程既相对稳定又适时更新。职业教育实行学分制。只要学生修够规定的学分，就可以从社区学院转到综合性大学里继续学习，以此打通职业教育和普通教育的衔接。

4. 课程设置特点

在课程设置上，美国的职业教育建立了实用性强、类型多样的课程体系。受实用主义的影响，美国职业院校课程设置也体现了实用性强的特点。美国的职业院校大多都聘请工商界人士担任各专业顾问委员会成员，直接参与课程设置。如社区学院的课程包括转学课程、生计课程和社区服务课程3种类型的课程。转学课程是指在社区学院修读的学士前两年的课程，包括一个与本科大学相同的核心课程。学生在完成转学课程的修业要求后可被授予文科副学士、理科副学士、应用理科副学士、技术学科副学士等学位，然后可以进入四年制学院3年级学习。生计教育课程分为1年制、2年制和短期培训，主要是就业岗位知识和技术技能的培训。社区服务课程是社区学院与工商业协作，进行培训和再培训，由社区学院的工商业培训中心负责。为提高学生的综合素质，社区学院还开设了跨学科课程。

5. 师资力量特点

在师资力量上，美国的职业教育形成了一支专兼结合的高水平教师队伍。职业院校的教师在构成上分专职和兼职两类。专职教师一般有博士或硕士学位，主要从事基础理论与其他理论性较强课程的教学。兼职教师一般由企业家、某一领域的专家及生产一线的工程技术人员、管理人员等组成。职业院校聘请的兼职教师在数量上多于专职教师，一般占教师总数的60%。在职业院校规模小、入学人数少的时候，聘请兼职教师为学院节省了不少开支。到20世纪中后期，随着职业院校办学规模逐渐扩大，许多职业学院为提高教学水平，往往聘请大学教授来授课。这样可以适当解决职业学院和大学之间的课程衔接的问题，因此，兼职教师一直占有较大的比重。

五、韩国职业教育的发展概述

韩国曾是一个传统的农业国。20世纪50年代时，其经济曾处于崩溃的边缘，

但如今却成为发达国家之一，创造了举世瞩目的"江汉奇迹"。这不能不说是世界经济发展史的一个奇迹。韩国经济的飞速发展，除不同阶段适时调整经济发展战略外，更重要的是政府始终重视人力资本的投资和储备，尤其是大力发展职业教育，培养大量高素质劳动者和技能型人才。他们为韩国经济的腾飞做出了巨大的贡献。

（一）韩国职业教育发展概述

20世纪40年代至50年代，从二战结束到朝鲜战争结束的这段时期，韩国面临着重建经济体系和恢复经济发展的任务。同时由于战乱和日本统治者的长期占领，不少人丧失了学习的机会，国民素质普遍低下。面对这种严峻形势，韩国政府自从光复之后就坚持把发展教育放在重要的地位，确立了"技术立国"的发展战略。1949年，韩国政府颁布的《大韩民国教育法》，明确提出"优先发展职业技术教育"。在此政策的引导下，韩国开始举办一些职业技术学校，同时在普通中小学中开设一些职业技术教育课程。

从20世纪60年代到70年代末，是韩国经济高速发展时期。韩国政府采取了以发展重工业为中心的"出口主导型"发展战略，大力发展劳动密集型产业，开始参与激烈的国际竞争。面对大批熟练技术工人的紧缺和劳动力素质不高的现实，韩国政府先后制订了三个中长期发展规划，即《职业技术教育5年计划》（1958～1962年）、《科学技术教育5年计划》（1967～1971年）、《科学技术人力供给计划》（1973～1981年），积极推进职业教育的发展。同时，开始加强职业教育法律法规建设，不到20年的时间，韩国出台了7部与职业教育有关的法律。这一时期，韩国的职业教育重点是扩大中等职业教育的发展规模，同时高等职业教育开始起步。

20世纪80年代到90年代，韩国进入经济稳步发展时期，重新制定了以高科技为先导的经济发展战略。经济发展战略的调整对高层次的技术人才提出了要求，韩国政府开始发展本科、研究生层次的职业教育，并逐步形成了初中、中等职业技术教育、高等职业技术教育与本科、研究生相衔接的职业教育体系。20世纪90年代，韩国出现了"技工荒"的现象。针对这种情况，韩国政府开始扩建和改制职业高中，对没有升入大学的普通高中生进行职业技术教育，注重提高职业高中的教育教学质量，培养社会急需的技术人才。

自进入21世纪以来，韩国的经济在调整中发展，在发展中不断调整。在大力发展中等职业教育的同时，也重视高等职业技术教育的发展。如韩国专科职业教育，从1964年开设时只有9所学校、24个专业、共有253名学生，发展到 2005 年，专科学校达到 158 所，共有 26.6 万名学生。

从上述内容中可见，韩国职业教育在多年的改革发展中，初步形成了以中等职业教育和高等职业教育为主体，延伸到本科和研究生层次，并与经济社会发展相适应的职业教育体系。

（二）韩国职业教育发展的特点

在社会发展的不同阶段，韩国政府通过采取不同的政策措施来改革发展职业教育，以适应社会经济对职业教育的需求。在改革发展的过程中，韩国积累了很多优秀经验，形成了具有本国特色的职业教育发展道路。

1. 通过立法来规范职业教育的发展

1961 年，韩国制定了《职业安定法》，将职业安定职能制度化，明确其职能是职业介绍、职业指导和劳动力市场调查分析等。1963 年，韩国颁布了《产业教育振兴法》，该法肯定了发展职业教育的重要意义，对如何发展职业教育做出了具体规定，明确了中央政府和地方政府在发展职业教育中的义务和职责，为韩国职业教育的法制化奠定了基础。1967 年，韩国又颁布了《职业培训法》，对如何进行职业培训做出了具体规定，把分散的职业培训统一起来，并作为体制固定下来在全国推广。《职业培训法》的颁布，标志着韩国职业培训制度的正式确立。为了提高职业教育的地位，促进职业教育的进一步发展，1973 年，韩国颁布了《国家技术资格法》，并于第二年出台了该法的实施细则。该法规定各种技术人员和技能人员在就业前，必须按照相关规定进行考核，获得相关的职业资格。这一法律的颁布使《职业培训法》真正得到贯彻实施。1976 年，韩国政府颁布了《职业培训基本法》和《职业培训资金法》，详细地规定了职业培训的分类、培训的标准以及考核、经费等方面的内容。1997 年，韩国制定了《劳动者职业培训促进法》，对学校学生、失业者、企业职工都采取统一的培训措施。2001 年，韩国颁布了《终身学习法》，把职业教育与培训结合起来，构建更加完善的职业教育与培训管理体系。因此，韩国政府在不同的发展时期，出台与经济社会发展需求相适应的一系列法律和政策措施，推动了韩国职业教育的规范发展。

2. 通过改革提升中等职业教育的社会地位

20 世纪 90 年代后期，韩国遭遇"技工荒"，给整个社会经济发展造成较大影响。韩国政府及时调整教育结构，高度重视中等职业教育的发展。一是不断扩大职业教育在高中阶段的学生比例。在招生计划上，不断扩大职业高中的

招生人数，努力使职普比达到1∶1。2000年，韩国公布了《职业高中促进措施》，确定了职业高中的发展方向。二是改革高中阶段课程，将职业教育融入普通教育体系。二战后，韩国教育行政部门先后进行了多次普通学校课程改革，旨在把职业教育渗透到普通教育教学中。此次课程改革明确提出：要在高中渗透职业技术教育内容，在初中设立"技术""家政"课程，在高中设置农业、工业、商业、水产、家政等方面的专业课程；同时要求高中教育实行二元化开放型课程体系，以使高中阶段学生能够在日常生活中灵活运用学习的内容。在韩国，相比于普通高中，职业高中的录取标准非常高，录取过程中还包括复试。三是通过各种措施提高职业教育的社会吸引力。韩国政府对职业学校实行奖学金制度，与普通教育和高等教育相比，韩国政府不断扩大职业学校学生奖学金的受惠率，提高所有职业学校学生的助学金，还出台相关政策，对10％～15％的职业高中学生免收学费。另外，韩国政府为了提高职业教育的地位，采取了相应的措施来提高技术工人的社会地位。韩国政府规定，最高层次的技术工人与获得博士学位的工程师享受同样待遇。同时，对获得技术资格者给予相应的经济和社会待遇，并在就业、海外进修、奖金、服兵役等方面具有优先权。

3.通过搭建立交桥促进职业教育持续发展

韩国支持职业高中毕业生升学，并优先保障其就业。对于普通高中和职业高中的毕业生，考试成绩相同的，职业高中的毕业生优先录取。职业高中毕业生可直接升入职业大学或综合大学相应专业学习，职业大学学生还可转入综合大学学习。韩国政府还出台政策，优先保障职业高中毕业生就业，就业后即能获得熟练工人证书；政府对职业高中的财政拨款高于普通高中，职业高中学生的学费低于普通高中；享受学费减免的职业高中学生多于普通高中学生；等等。通过这一系列措施，韩国的职业教育地位得以巩固，接受职业教育的学生不断增加。同时，政府也注重通过提高职业教育教学质量，保证学生的就业率。20世纪90年代，韩国毕业生就业率统计结果显示，职业教育工科的就业率为100％，而同期普通教育专科和本科的毕业生，其就业率分别为82％和52％。通过一系列举措，职业教育实现了持续稳定的发展。

4.通过吸引社会资金来促进民办职业教育的发展

韩国政府重视民办职业教育的发展，通过优惠政策鼓励社会和企业加大对职业教育的资金投入。在韩国全部教育经费中，政府支出占40％，私人支出占60％。韩国的职业学校除公办外，韩国民办职业教育也比较发达，私立中、高等职业教育学校所占比例较大。私立学校或由财团举办的职业学校在韩国职业教育机构中占有一定的份额，从而形成了"民间兴办、财团自办、政府扶持的多元化办学体制"。

（三）韩国职业教育的改革与发展

1. 职业教育高移

随着经济社会的发展和科技水平的提高，韩国的职业教育逐渐发展成为大学阶段的教育，职业高中和高等专科学校也发生了结构性的变化，人们更愿意到大学去接受职业教育。据统计，2004 年，韩国初中毕业生中的 64.5％进入普通高中，35.5％进入职业高中。职业高中毕业生中的 63％考入大学本科或者高等职业学校。在高等职业教育领域，难度较大的理工专业逐渐减少，服务行业的职业教育日趋活跃。同时，这也与韩国政府的政策有着密不可分的关系。早在 1996 年韩国教育部就开始实施的"教育改革方案"提出了实施与职业教育有关的学位制度，包括产业准学士学位、专业硕士学位、专业博士学位。与此相对应，韩国将职业教育的重点由以中等职业教育为主向以高等职业教育为主的高层次转移，注重将普通高中和职业高中的课程与短期大学及后续高等教育的课程内容相衔接。

2. 职业教育终身化

目前，随着技术的快速更新，职业教育的范围日趋扩大，接受职业教育的对象越来越多，职业教育越来越普及深化。为了满足民众的教育需求，提高国民素质，韩国政府提出要建立一个动态的、开放的、终身的职业教育体系，其主要特点：各级职业教育学生、职业教育与普通教育的学生都可以自由流动，职业教育面向所有的人包括普通学校的学生，职业教育的课程和教学能够满足学生终身学习的需要。以此政策为导向，韩国政府也着力于建立和完善不同层次职业教育间的衔接和沟通机制，韩国的职业教育不再是终结性的教育，而是阶段性教育。同时，利用现代网络等新型技术手段进行远程职业教育，向更多的学习者提供灵活多样的学习方式，满足其教育和培训需求。

第二节　国际经验对我国职业教育的启示

一、国外职业教育发展的经验

纵观上述五个国家的职业教育，日本的企业内教育、德国的双元制、澳大利亚的 TAFE、美国的社区学院、韩国提升职业教育地位的得力措施等，虽

然各具特色,但无疑他们都探索出了一条成功的职业教育发展之路。究其原因,每个模式都植根于本国的国情,并与本国的经济社会发展紧密联系。由于国情、历史、文化、制度等方面的差异性,我们不能照搬发达国家在发展职业教育方面的经验和模式,但"他山之石,可以攻玉",认真研究总结国外职业教育的成功经验,对处于探索期的中国职业教育的借鉴和启发意义不可低估。

(一)高度重视职业教育

发展职业教育的一个十分重要的前提是政府对职业教育要充分重视。发达国家的政府充分认识到了职业教育对于本国经济社会发展的重要战略意义,纷纷采取有效措施大力发展职业教育。把职业教育作为发展经济的"秘密武器"和基石,将职业教育与民族的存亡联系在一起,各行各业都重视职业教育。另外,为了快速发展职业教育,发达国家将社会力量与政府相结合,获得社会各界力量的支持,共同关心并承担起发展职业教育的责任,让职业教育的发展更加健康、高效。虽然世界各发达国家的国情存在很大差异,但是,他们对职业教育的发展都十分重视,并且,在国家经济发展中,努力发挥职业教育的重要作用。这是各个发达国家具有的共同认识。

(二)用法律来保证职业教育的组织实施

日本、德国、澳大利亚、美国、韩国等国主要都采用立法的形式来保证管理、监督和组织实施职业教育。五国的职业教育立法历史都很悠久。由于每个国家的体制、国情等不同,职业教育的立法也各有特色,但是,他们都有共同之处:通过法律的手段来规范、保障和促进职业教育的发展。这些国家通过颁布职业教育法规,形成了一套完整的法律体系,使职业教育的发展有法可依,起到了强有力的推动作用。综合五国的职业教育立法不难看出,首先,其法案对职业教育的各个方面都做了详细的规定,法案体系完备;其次,根据社会的发展经常适时地修订法案,极具灵活性;最后,从实际出发,并有经费进行保障,便于实施。虽有法律进行约束,但学校和办学单位又有充分的自主权,政府进行服务和协调工作。对于一些具体的办学行为,政府一般不干预。除了立法,发达国家还设立了全方位的监督系统,通过法律形式,让职业教育的管理和运行更加完善,使职业教育能够做到有法必依、违法必究,健康地发展。

(三)形成了完善的职业教育管理体制

发展职业教育的重要保障是完善的管理体制。在发达国家,他们不断调整、完善职业教育的管理体制并进行创新改革。在这一体制内,政府主导着职业教育的发展，主要表现在：制定发展规划、出台政策措施、颁布法律法规，为职业教育的发展指引方向，提供强有力的动力，保障职业教育健康、快速发展。在职业教育的管理体制内，政府作为宏观管理者，服务和协调整个体制的工作。各个具体的实施部门分工明确、互相合作。职业教育并非为教育管理部门独有，劳动、就业、经济等部门也纷纷参与管理和决策。还有一些国家将教育、劳动及就业部门统一起来，共同管理职业教育工作。教育部门和就业、经济等部门以及企业的密切合作保证了职业教育改革和发展。

（四）形成了多元化的职业教育投入体制

日本的职业教育经费来自国家倡导和鼓励的民间团体、个人的捐款或投资，以及法规规定企业和行业要承担的教育经费。在德国，主要是政府和企业提供职业教育经费，其中企业投入占绝大部分。美国的职业教育经费主要来自政府，另外还有来自企业和行业购买培训的投入。在韩国，职业教育主要是民办学校，因此，教育经费通过民办公助的形式获得，政府的主导作用则表现在：政府对学校和企业的合作项目进行拨款，予以支持。虽然各国的办学模式、国情有很大差异，但无异都建立了一种符合本国特点的经费投入机制，为保障职业教育的正常运行奠定了基础。

（五）重视职业教育教学质量

发达国家普遍强调职业教育的质量。质量是生命线。发达国家在这一方面的做法，主要体现在制定严格的教学（培训）计划和教学大纲、注重实践能力的培养、建设优秀的师资队伍、注重培养学生职业道德等方面，来保证职业教育在各方面都能抓好质量这关，培养出合格的人才。

（六）行业企业积极参与职业教育

在发达国家，行业企业参与职业教育和培训已经成为常态，并为职业教育的发展提供了强大的动力。一些国家用法律法规的手段，对职业教育和企业培训做出了相关规定，同时建立了一整套监督系统。例如，美国为了调动企业参与职业教育的积极性，推出了税收优惠政策；韩国通过《职业训练法》，其中明确规定了企业必须参与职业教育。行业企业参与职业教育，既弥补了教育自身的不足，又增强了企业的竞争力和发展后劲。

（七）构建了各具特色的职业教育体系

综合考察各国的职业教育体系，日本形成了以企业内教育为核心，主要由企业来承担培训责任的职业教育体系；德国的职业教育体系是举世闻名的双元

制，既有政府对职业教育的深度干预，又有行业企业对职业教育的积极参与，还有学校的积极配合；美国的职业教育体系则主要呈现出大众化、终身化的特点；澳大利亚的职业教育与普通高等教育是纵横贯通、相互融合的，形成了一个完整的教育体系。虽然各国的职业教育体系各具特色，但在办学理念上，都以终身教育理念作为建设职业教育体系的指导思想；在办学层次上，大多数国家的职业教育都具有纵横贯通的教育模式，可以满足不同学生的教育需要；在教育类型上，都建立了职业教育与普通教育之间的沟通渠道，谋求教育平等；在教育面向上，努力实现职业教育的大众化。职业教育逐渐融入终身教育体系，学校职业教育被看作人一生中所接受的教育的一部分，是一个阶段性教育，而不是终结性教育。

二、国外职业教育发展对中国职业教育的启示

（一）重视职业教育的发展

大力发展职业教育对于我们这样一个劳动力资源丰富、农业人口占大多数的发展中国家来说，尤为重要。然而在很多地方，职业教育仍然没有得到应有的重视，一些地方政府片面追求经济的快速发展，甚至在教育系统内部也有重普教轻职教的现象。对于社会群众而言，由于"学而优则仕"的长远影响，重学历轻技能、重理论轻实践的思想相习成风，很多人对职业教育不以为意。这种观念阻碍了职业教育的发展。因此，要发展，我国必须先转变老旧的观念，尤其是各级党委、政府要牢固树立抓职业教育就是抓经济、抓发展、抓就业、抓社会和谐稳定的观念，切实把职业教育放到应有的战略地位。另外，我国要采取得力措施，通过宣传教育、提高技能型人才的待遇和地位、出台强有力的优惠政策等途径，增强职业教育的吸引力，使全社会逐步认识到职业教育是整个教育体系的重要组成部分，是实现个人价值的一种重要途径，使学生和家长转变对职业教育的看法，逐步形成全社会主动、积极、热情地接受职业教育、关心职业教育、支持职业教育的良好氛围。

（二）推动职业教育法制建设

自改革开放以来，我国职业教育事业有了很大发展，职业教育逐渐走向法制化。尤其是 1996 年出台的《中华人民共和国职业教育法》，保障了我国职业教育在发展中有法可依。但是，我国职业教育的法制化道路还有很长的路要走。首先，我国的职业教育法律体系要逐渐完善，尽快出台职业教育投入法、民办职业教育法、企业培训法等配套法规，逐渐形成以《中华人民共和国职业

教育法》为主体，辅之以一系列行政法规的职业教育法律体系，为职业教育的健康发展奠定法律基础。其次，要增强职业教育法律法规的可操作性。职业教育法要对职业教育的投入、行业企业在职业教育中的责任与义务、职业学校教师的资格培训，甚至职业教育的培养目标、学制、教学内容、考核、资格证书的要求等方方面面做出明确、详细的规定。最后，职业教育法要与时俱进，应反映市场的最新需求，对职业教育发展中的重点和难点问题要以立法的形式加以引导与促进，因此，应该紧跟时代脚步，及时更新、修改相关法条。职业教育法的实施是一个系统工程，应从立法、执法和司法等方面统筹设计和考虑，以保证法律能够得到贯彻落实。

（三）形成完善的职业教育管理体制

当前我国职业教育存在学校归口不一、多头管理、职能交叉的现象，并且职业教育的各个部门与教育部门之间缺乏有效的沟通与衔接，教育、就业与培训之间互相分离。管理体制的不完善，造成了资源的浪费和缺乏，政策缺失与政出多门并存，各项政策无法有效落实，阻碍了职业教育的健康发展。因此，我国应当对当前的职业教育管理体制进行改革，理顺关系，打破部门界限。各职业教育管理部门之间要加强统筹协调，通过建立联席会议制度等措施加强沟通合作。在职业教育系统内部，管理的重心要向地市倾斜。中等职业教育应主要由市县负责，充分发挥地市的统筹作用。同时，我国要吸纳产业界的精英人士参与职业教育管理，以加强职业教育与产业行业的结合；要理顺中等职业教育和高等职业教育的关系，做好中高职的衔接和沟通；建立一个专门的全国性的职业技术教育管理协调机构，由全国各类产业的行业协会、知名企业代表、知名职业教育机构的代表以及中央职业教育的研究机构和知名专家组成，作为全国职业教育行政管理部门的补充，统一来研究全国职教的重大问题，为职业教育的改革发展出谋划策。各地也可仿照国家的模式，建立各地的职业教育管理协调机构。

（四）形成多元化的职业教育投入体制

中央政府加大了投入力度，在"十一五"期间，中央财政投入 100 亿元，重点用于支持职业教育基础能力建设，改善办学条件；建立了中职贫困生资助政策，保证家庭经济困难学生上得起学；2009 年，国家又做出了对中等职业学校农村家庭经济困难学生和涉农专业学生逐步免除学费的重大决策。总体上来看，近几年国家对职业教育的投入不断加大，但由于职业教育底子差、基础薄，目前我国职业教育仍存在着投入不足、学校基础能力建设落后的问题。为此，我国要从当前的实际出发，借鉴发达国家的经验，完善我国职业教育经费投入机制。我国要以立法的形式，规定各级政府、行业企业单位对职业教育的投入责任；各级政府要进一步发挥主导作用，加大对中等职业教育的投入力度；要切实落实中央关于职业教育投入的有关规定，逐步加大对本地职业教育的投入比例；要通过优惠政策，多方筹措社会资金，吸引社会团体、公民个人和知名企业投资举办职业教育；职业教育机构可以通过与行业、企业合作办学，形成多元化的资金来源；政府要给予行业企业职业学校、民办职业学校和公办职业学校同等的待遇，确保不同出资类型的职教机构之间的平等和受教育者之间的平等；利用税收杠杆，对积极参与和支持职业教育发展的企业实行税收减免；加强监督检查，提高资金使用的效益，不断提高投入的质量。

（五）提高职业教育教学质量

质量是职业教育院校办学的生命。只有高质量的职业教育才能培养出高素质劳动者和技术技能人才。设立职业教育质量监管专门机构，制定质量监管标准和质量评价标准，赋予质量监管机构行政执法权和处罚权，维护学生合法权益，增强公众对职业教育质量的信心。

随着我国中职连续几年的大扩招，规模达到了历史上最高水平，职业教育教学质量的提高成为当务之急。2009年初，教育部下发了一系列教育教学改革文件，对全国职业教育教学改革提出了新的要求，掀起了新一轮教育教学改革热潮。在当前和今后一个时期内，我国要提高职业教育教学质量，就必须重点在以下几个方面下功夫：一是必须坚持以就业为导向，吸引行业企业参与到职业教育教学过程当中；二是加强"双师型"教师队伍建设，采用各种优惠政策以吸引大批优秀的一线人才来壮大学校的教师队伍，加强在职教师的培训进修工作及新教师的招聘和培养工作；三是建立专门的质量评估机构和科学规范的质量评估体系，开展职业教育教学评估，发挥教学质量评估的导向作用；四是加强教学管理，严格执行教学计划，有条件的学校要逐步实施学分制和弹性学制；五是加强实训基地建设，为教育教学提供实习实训条件保障；六是鼓励各地、各职业学校建立健全教科研机构，定期开展教研活动，以教研带动科研，以科研促进教学质量的提高。

（六）调动行业企业参与职业教育的积极性

工学结合、校企合作是职业教育的必由之路，但目前我国在工学结合、校企合作实施过程中遇到的最大的难题是行业企业参与职业教育的积极性不高，从而导致工学结合的人才培养模式难以得到全面持久的落实。这直接导致了职业学校学生技能偏低，实践动手能力不足，进而造成我国劳动力结构失衡，高技能人才奇缺。要从根本上解决这个问题，可以借鉴发达国家的经验。首先，国家要通过一系列优惠政策和措施调动行业企业参与职业教育的积极性。如通过对参加校企合作教育的行业企业减免教育附加税，或制定教育附加税部分返还企业用于企业职业教育的政策。让企业参与职业教育，既是履行一种社会责任的活动，又可以促进企业经济效益的提升。其次，国家要逐步出台相应的法律法规，明确规定行业企业必须建立职业教育培训机构，定期对员工开展职业教育和培训。同时，要在法律中，明确行业企业和学校之间的产权关系以及各自的责任、权利和义务，并建立检查和评估制度。为了调动企业参与职业教育的积极性，国家还可以树立典型，每年对积极参与职业教育，并达到突出效果的企业授予荣誉称号或给予物质上的奖励；让企业意识到参与职业教育不仅是义务，也是对社会的一种贡献；政府还可以通过电视、报纸、网络等各种新闻媒体对积极参与职业教育的企业大张旗鼓地进行宣传，让社会认识和了解这些企业，增加企业的知名度和影响力。另外，学校也要主动配合，与企业加强联系，吸引企业参与教育教学的全过程，增强人才培养的针对性和实用性，通过培养适应企业需要的高素质毕业生，对企业员工进行对口培训等措施，使企业在参与职业教育过程中能够获得丰厚的回报。

（七）建立中国特色的职业教育体系

随着我国经济的快速发展，需要更多的优秀的高级技术型人才。但现实是，我国人口多、劳动力多，尤其是农村人口多，就业问题突出。与此相对应的是，生产一线高素质劳动者和技能型人才紧缺的问题十分突出。职业教育承担着国家技能型人才培训、农村劳动力转移培训、农村实用人才培训、成人继续教育和再就业培训的重大历史使命。经过几年的努力，我国已经加快脚步，初步建立了适应社会需求和人民需要的现代职业教育体系。但与国外完善的职业教育体系相比，这一体系仍需不断完善，尤其是国外在职业教育的终身化、职普沟通方面的经验值得我们借鉴。人的一生都应该学习，教育的终身化是必须的。职业教育应该肩负起这个使命和责任，不应该只局限于职业岗位，人的整个职业生涯都应该被考虑到。

对非学历教育进行认证和实行学分制是推动终身学习发展的核心环节。我国应探索建立非学历教育认证制度，设立非学历教育专门认证机构，对学习者在学历教育体系之外取得的学习成就进行认证，使之取得国家承认的资格或部分资格；推进职业教育学分制建设，对非技术工种资格实行单元化和学分化，促进学分积累和转化，增强职业教育的弹性，并加强终身生涯指导服务制度建设。另外，要实现终身教育，我国应大力开展类型多样的职业培训；要开辟多种入学渠道，满足不同类型人员的教育需求；还要完善职业教育与普通教育的沟通机制，逐步通过在中小学开设职业技能课，使学生在初中毕业后有选择职业教育或普通教育的基础和能力，而且在以后的学习中可以转学。因此，我国要完善的职业教育体系，在今后一个时期内，就要在服务人一生的发展、构建职普沟通的机制、满足人们多样化教育需求等方面下功夫。

第三章　我国职业教育发展中的问题分析

在经济全球化、信息技术革命等因素的推动下，国家或地区的产业结构和就业结构调整步伐加快，经济高速增长，也推动了劳动力市场的动态变化，对劳动者的技能和素质提出了新要求。因此，完备、有效的职业教育体系建设成为几十年来国际教育改革发展的重要内容。然而，随着高等职业教育的迅速发展，很多问题凸显出来。

第一节　我国职业教育的发展历程

一、职业教育的萌芽阶段

当人类开始有意识地向下一代传递生活知识和生产经验的时候，如采集、渔猎、饲养农耕和手工制作等，人类就出现了教育活动，并伴随着人类社会的发展而不断发展变化。"口耳相传""师徒相授""父子相继"等形式是有关职业教育活动的原始形态，虽然不是现代意义上的职业教育，但已初现职业教育的端倪。

在古代社会的手工业时代，萌芽时期的职业教育实施的主要形式是学徒制，即以师徒制为特征的职业传授模式。到了中世纪后期，随着社会经济的进一步发展，城市开始繁荣，工商业发展壮大，并形成了新兴市民阶层。学徒制因此得到了进一步的完善和规范化的发展。到了 11 世纪末期，一些行业主为了保护本行业的利益，纷纷组建行会组织，把学徒教育纳入行会管理当中。

由于古代受教育者都是统治阶级，他们轻视生产技术教育，因此带有职业教育特征的教育活动只隐含在他们的正规普通教育之中，是普通教育的一种补充形式。由此，我们可以得知，在古代官学中，职业教育只是普通教育的附庸。

十一届三中全会以后，我国实现了以经济建设为中心的战略转移，社会主义现代化建设的步伐明显加快。经济的发展、科技的进步，同时对人才结构提出了新的要求。当今社会发展需要的不仅仅是高层次的教学与科研人才，也需要大量的高层次技术人才。

为了满足社会发展的需要，我国东南沿海地区率先创办了职业大学。其人才培养目标具有职业性、地方性和实用性等特点，开创了我国应用型人才培养的先河。这是我国最早有职业教育性质的学校。

经过早期职业大学的发展，我国开展了以初中为起点的五年制的高等职业教育学校。这是一条比较成功并且具有中国特色的职业教育发展道路。通过实践证明，五年制的高等职业技术教育方便教学计划的统筹安排，可以完成中等职业教育与高等职业教育之间的衔接。而且学生年龄小、可塑性强加上教学时间长等有利因素，为提高教学质量和办学利益创造了良好的条件。

由此可见，五年制的高等职业教育可以适应经济的发展，满足社会发展对生产一线岗位以及高等技术应用型人才的需要。这种教育模式受到了用人单位和社会的欢迎和认可。

二、职业教育的探索阶段

在工业革命过程中，社会上出现了各种各样的机器，它们对人们的生活条件、劳动内容以及生产组织结构等方面都带来了极大变化。这些机器的运用对劳动力的数量和质量都提出了新的要求，要求劳动者具有数学的、物理的和化学的普通文化科学知识，懂得机器的工作原理以及生产方面的应变能力。而传统的学徒制培养模式，无论是从规模、速度还是内容方面，都已经不能满足大工业生产对技术工人的要求。这样就迫切需要一种规模大、速度快、内容新的教育方式。于是，以传授现代生产科学技术知识为主要特征的近代职业教育就应运而生了。

第二次工业革命后，技术对经济和军事竞争的作用充分显现了出来。各国开始重视职业教育，开始对职业教育进行积极干预和参与，不断调整和改革本国的教育制度，以法律、政策、拨款等方式促进职业教育的发展，充分发挥职业教育在国家发展战略中的积极作用。

十一届三中全会制订的社会主义现代化建设目标，对经济发展提出了新的要求，与此同时就需要更多的高技能人才来满足社会的发展。在这种时代背景下，找到一条高起点的职业教育之路，成为一项十分迫切的任务。

1994 年，全国教育工作会议首次提出了通过"三改一补"发展高等职业教育的方针。这一举措整合了现有高等教育资源，是我国高等职业教育发展过程中的重大政策转变，也是高等教育界对高等职业教育认识更加深入的体现。1997 年，为了明确高职学校的发展方向和规范校名，国家教委明确提出新建高等职业学校一律定名为"××职业技术学院"或"××职业学院"，同时鼓励其他通过改革、改组、改制发展高等职业教育的学校照此更名。1997 年 3 月，国家教委首批批准深圳职业技术学院和邢台职业技术学院挂牌。1998 年，教育部提出"多渠道、多规格、多模式发展高职教育"的要求，在 20 个省市用于试点发展高等职业教育。这一时期的探索初步形成了以职业能力教育为中心的人才培养模式，初步开创了有中国特色的高等职业教育之路。

三、职业教育的快速发展阶段

随着第二次世界大战的结束，各国经济逐渐得到恢复和发展，人类社会开始进入了以原子能和计算机广泛应用为标志的第三次工业技术革命时代。新技术革命促使产业结构、劳动力就业结构发生变化，生产开始由劳动密集型向知识技术密集型转变，科教兴国成为世界各国政府的战略选择，职业教育在社会经济发展中的重要作用得到广泛认可。所以，无论是发达国家还是发展中国家，都纷纷采取各种措施，积极发展各种类型的职业教育。职业教育由此进入了快速发展时期。

教育部提出"三多一改"的高等职业教育发展方针，促进了高等职业教育持续健康的发展。1999 年，为了转变传统专科人才培养的模式，加快高等职业教育的步伐，教育部提出"三不一高"政策，即毕业生不再包分配、不再发放统一印制的毕业证书内芯、不再发放普通高等学校毕业生就业派遣报道证、以学生缴费为主的政策。这一政策的实施是我国高等职业教育进入快速发展时期的标志。

2000 年 1 月，教育部为了加快高职高专人才培养模式的变革，进一步提出了我国高职高专教育办学的指导思想以及人才培养工作的思路，加强对学校基本设施和教学的管理。

2002 年 7 月，在第四次全国职业教育工作会议结束后，教育部对高职院校的人才培养进行了探索和研究，主要针对教学模式、教学内容体系、实训基地以及产学研结合。

2004 年 2 月，第三次全国高职高专教育产学研结合经验交流会召开，此次会议上高职教育界对今后高等职业教育达成共识：以服务为宗旨，以就业为导向，走产学研相结合的道路。

2012 年，党的十八大提出，发展现代职业教育体系，对鼓励校企合作的政

策措施进行完善，大力支持成立多种形式的职业教育集团。

2014 年 5 月 2 日，《国务院关于加快发展现代职业教育的决定》（国发〔2014〕19 号）提出，加快构建现代职业教育体系，激发职业教育办学活力，提高人才培养质量，提升发展保障水平，加强组织领导。

2014 年 6 月，《现代职业教育体系建设规划（2014—2020 年）》提出，牢固确立职业教育在国家人才培养体系中的重要位置。具体分两步走：到 2015 年，初步形成现代职业教育体系框架；到 2020 年，基本建成中国特色现代职业教育体系。

职业教育是我国教育事业的重要组成部分。我国正处于市场经济体制的完善时期，面临着经济结构的战略性调整。劳动者的素质对经济社会发展的影响日益突出。在这种情形下，职业教育也面临新的挑战和发展机遇。只有加大职业教育建设投入，积极推进体制机制的改革创新，进一步促进职业教育的发展，培养出大量的能够满足社会主义建设需要的人才，提高社会所需劳动者的素质。

目前，我国职业教育已经达到了一定规模。中等职业教育与普通高中教育的比例已经基本达到 1∶1。规模达到了一定程度，下一步就是要"把提高质量作为重点"，即由规模发展逐渐转向教学基础能力的建设、教学质量和管理水平的提高上来，实现职业教育由外延式发展向内涵式发展的转变。

第二节　职业教育校企合作中存在的问题及对策

近年来，随着我国职业教育的迅速发展，校企合作已成为我国职业教育改革与发展的基本国策。实践证明，校企合作模式确实是保障职业教育质量和特色的关键。但是，目前我国职业教育校企合作模式从实践观念到实践行动还存在着诸多难以破解的难题，没有形成长效合作机制。

一、职业教育校企合作中存在的三大核心问题

（一）观念更新问题

首先是企业的观念误区。有一些企业认为校企合作对企业本身没有实际意义，只是对学校和学生有好处。他们认为，在合作的过程中，企业强化了学生的应用技能，培养了"双师型"教师，提升了学校的知名度等。而对企业来说，校企合作只会浪费时间、金钱，企业做的都是"赔本买卖"，对企业没有任何实质意义。

其次是学校的观念误区。部分学校认为校企合作就是企业免费为学校提供相应服务，是企业应该做的。不少学校开展校企合作的目的是将办学负担转嫁给企业，通过企业方的技术、设备优势弥补本校师资、实习基地等办学缺陷，解决学生实习、就业等困难，导致企业一方合作热情不高。一些企业短期行为严重，缺乏后备人才储备与培养意识，既想接收质量高、适应能力强的毕业生，又缺乏主动参与合作的积极性，更不愿意为学校投入人力、物力、财力，导致校企合作无法实现。

其实，无论是政府、企业，还是学校本身，都应该正确认识"校企合作"的客观性、必然性、必要性，都亟待更新和深化。政府着眼经济发展，无法意识到职业教育对经济社会发展的重要意义，即使意识到也因教育的收效不能立刻显现而放弃对教育的实质性重视。很多企业缺乏对校企合作理念的正确认识，只是选择人才，而对人才培养的过程很少参与甚至是不参与；还有部分企业将人才培训教育视作企业的负担。学校的行政人员对校企合作不积极，造成思想阻力，教师在没有激励制度的情况下对校企合作缺乏积极性。

（二）政策保障问题

目前我国对职业教育校企合作方面十分重视，大力开展了大规模试点与实验，但是有关于校企合作的准则和指导性的工作规范还没有权威、完整的政策。作为第一部全面、系统总结中国高等职业教育产学研结合模式的专门著作，2004年7月由高等教育出版社出版的中华人民共和国教育部高等教育司和中国高教学会产学研合作教育分会主编的银领工程系列之一《必由之路——高等职业教育产学研结合操作指南》，也没有逃脱成绩总结和经验描述的藩篱痼疾，缺乏理论高度的分析和教育哲学层面的探索以及由此引出的高职校企合作制度、法律、法规的制定等保障体系的建设，无法实现其编写的初衷——成为一部可以起到指南兼手册作用的工具书。政府职能机构还没有出台相应的奖励政策对参与校企合作的企业进行奖励，对校企合作中的企业利益保护不够；国家没有建立专门负责设计、监督、考核和推行校企合作的协调机构；职业院校体制及人事制度改革明显滞后。以上诸多与政策相关的原因，严重制约了校企合作良性开展和运行。

在我国现有的职业教育校企合作的激励机制中，政府是唯一的激励主体，政府承担着管理职业教育校企合作的各项管理职能，如投入资金、监督和管理、制定政策制度、颁布法律法规、选定举办学校、提供有效信息、沟通与协调校企关系等职能。政府是推动我国职业教育发展的主导力量，应该承担起主导高

职校企合作的责任。而实际上政府在高职校企合作的管理中出现"大政府"与"低效能"并存的现象，如政策倡导多，制度保障不足。政府通常出台一系列的政策文件，倡导职业学校和企业积极开展合作教育，而没有出台相关的配套政策和法律规范，给予明确的指导、规范和法律保障；另外，政府对我国职业教育不仅投资明显不足，而且对校企合作的监管环节也十分薄弱。

（三）跨界协同问题

学校和企业毕竟是两种不同的社会领域，当它们一旦开始跨界合作，其良好的运行机制是双方持续合作并不断深化的重要保障。但是，目前在校企合作方面，校企双方并没有系统的观点、考虑全局、统筹运作，使学校办学和企业运行之间互相结合、互相作用，建立起一个有机的整体，从而实现教学目的和取得最优的效果。另外，我国目前没有完善的校企合作制度，当与学校制度发生碰撞之后就会显得无能为力。

在现有的校企合作中，大部分都是学校主动向企业寻求合作，为的是生存和发展以及适应市场经济的要求。反观企业却很少主动到学校寻求合作的，大部分的企业也只为学校提供资金支持、提供实习基地、员工培训等。企业是追求利益最大化的经济组织，而企业在校企合作过程中只充当配角，主体地位缺失；在校企合作过程中，企业的利益受损，又得不到相应的补偿，仅仅靠企业的社会责任感和社会奉献意识来维持校企合作，很难实现校企的长期合作。

真正意义上的校企合作是建立起一个可持续发展的校企合作的良性循环机制，能够将教育资源优化组合，使其成为企业经济增长的动力。而目前的校企合作与这一目标相差甚远。学校与企业在运行机制、文化上还有很大差异，并没有真正地实现校企融合，达到深层次的校企合作。

二、职业教育校企合作的关键因素分析

成功的校企合作模式必定要有合理的设计理念。职业教育校企合作的设计理念主要考虑两点：第一点是要理论联系实际，切实培养出能够满足企业需要的人才；第二点是发挥学校和企业的不同职能，充分实现人才和经济效益的双赢。设计的核心就是要培养出企业需要的高技能人才。

（一）学校和企业双方的认知因素

产生积极情感和意志的基础是有正确的认知。在职业教育的校企合作中，学校和企业双方都必须具有正确的认知。学校必须明确认识到职业学校办学的宗旨是"面向社会、着眼未来、服务经济"，学校在对人才进行培养、对课程

进行设置的时候应多咨询企业的意见，在专业设置方面，要将人才培养的长远性和市场的短周期性有机地结合起来，从而使培养出来的人才不仅能够满足现在社会发展的需要，还能够满足企业长期发展的需要，解决毕业生就业问题。企业也必须明确认识到，在校企合作过程中，企业的责任和义务就是要积极地配合和支持学校的职业教育，要充分认识到实习生的潜在价值，不能简单把实习生看作廉价劳动力，要充分激发学生对工作的热情，锻炼学生的工作能力，完成实习任务。

（二）学校和企业双方的情感因素

校企合作双方在有了正确的认知之后就会产生积极的情感。校企合作需要双方的热情才能达到双赢。学校不仅要有热情，主动去找企业寻求合作；企业也要积极主动地去联系学校，达成校企合作。

（三）有效的校企合作的制度因素

职业院校与企业之间的合作能不能长期坚持下去的决定性因素是双方的利益是否都能够得到保障。而要使合作达到共赢还需要相关的保障机制和制度保障。校企合作不是简单的学校与企业之间的合作，而是教学与实践、教育与经济之间的合作行为，因此，需要有相关的制度来为校企合作提供保障。

近年来，国家高度重视校企合作，成立了校企合作协会，并进行各种试验。但是，还没有专门的校企合作监督机构和相对完善的合作准则，来指导校企合作具体的操作环节。

在这种情况下，民办高职院校和企业虽然对于校企合作的益处达成共识，但大多数企业还有很多顾虑，比如，在实习期间，学生如果发生意外由谁承担责任，以及企业商业机密泄露的问题等。双方的合作协议往往是凭借个人感情或关系来建立的。这种靠感情和人脉建立起来的合作非常脆弱，经不起市场经济风浪。

（四）社会和政府的环境协调因素

社会和政府在职业教育校企合作模式推进中的环境协调作用，主要体现为以下几点。

第一，营造出注重职业教育的社会风气和文化氛围，使职业教育能够得到更多人的认同。

第二，对职业技术教育加大资金投入。

第三，为职业技术教育毕业生颁发国家职业资格证书，完善和规范劳动力市场和培训市场。

第四，为鼓励和保障企业在职业教育的参与度，制定出相关的法规政策。

第五，更新校企合作双方对校企合作的认知。学校要充分认识到，企业参与教学对学校教学特色和教学质量的帮助，要提高对合作伙伴的重视；企业则要明白校企合作是打造"学习型企业"的重要组成部分，要长远考虑，重视校企合作。

三、有效促进职业院校校企深度合作的策略

校企深度合作是培养适应现代产业发展的高素质技术技能人才的必然要求。自 20 世纪 90 年代以来，我国绝大多数的职业院校不仅培养了一大批为地方经济建设做出贡献的高素质技术技能人才，而且与很多企业建立了良好的协作关系。但是这些校企合作大都还只是浅层合作，或者说校企合作的深度还远远不够。随着 2014 年《国务院关于加快发展现代职业教育的决定》（国发〔2014〕19 号）等文件出台，企业在职业教育中的主体地位已经确立。校企深度合作的需要日益迫切。

校企深度合作不仅是"结果"的合作，更是"过程"的合作。校企之间应形成积极的互相信赖、互相依存的关系。校企深度合作不但要将校企合作的链条加长，而且要将校企合作的面扩大，增加双方接触点，增强相互依赖性，使合作程度自然加深。结合我国现代产业与职业教育发展，通过分析国家示范职业院校的成功经验，我们发现，营造氛围和完善机制是有效促进校企深度合作的首要策略。

（一）树立现代职业教育理念

我国 30 多年职业教育发展的实践充分证明，"工学结合"已成为现代职业教育发展的重要理念，它是有效解决职业教育适应社会需求、人才培养适应社会经济发展的重要理论基础。无论是政府、企业，还是职业院校，都应该全面、系统、完整地理解"工学结合"基本理论，形成正确的现代职业教育观，强化"校企合作"实践，为有效促进校企深度合作夯实基础。

1. 企业深层次参与教学过程保证人才质量

校企合作是工学结合的前提和基础，有且只有校企合作才能够实现较大规模、较快速度、较高水平地培养技术技能人才。职业院校及其举办方必须全面、系统、完整地理解和把握工学结合理论，深刻认识"校企合作"的基础性、必然性、必要性，牢固树立合作办学、合作育人、合作就业、合作发展的"四合作"职业教育观。只有这样才能解决校企合作意识和思维问题。

职业院校不但要有校企合作意识和思维，也要充分认识和理解追求利益最大化是企业的特点，对企业的利益追求要主动配合、保障合作，准确把握在校企合作过程中企业需要什么，学校需要什么，教育利益和经济利益在这里并不矛盾。另外，《国务院关于加快发展现代职业教育的决定》（国发〔2014〕19号）文件明确提出"深化产教融合，鼓励行业和企业举办或参与举办职业教育，发挥企业重要办学主体作用"，并提出了健全企业参与制度的具体要求。该文件规定企业对接职业院校是企业发展的新常态。基于这两点，我们更有理由相信，职业院校主动谋求与企业合作，绝不会再是"剃头挑子一头热"。

在专业设置和调整方面，职业院校要明确以市场为导向，高度重视职业分析，主动满足行业、企业的需求；在课程体系设计方面，要参考相关的职业资格标准，满足职业岗位或技术领域的任职要求，确保适应行业、企业工作过程的要求；在安排学生实习、实训时，要积极、主动的配合企业正常生产秩序的要求，不能影响企业生产效益。职业院校要从根本上转变把开展校企合作仅仅作为解决学生实习的一个途径的观念，要真正把培养学生综合素质和职业能力、提高学生的就业竞争力作为首要任务来考虑，要重视对校企合作理论的研究与探讨。

2. 校企合作是现代企业打造学习型企业的重要内容

企业要迅速转变发展理念，树立人力也是效益的现代企业发展观，密切与职业院校深度合作，培养技术技能人才，合理做好技术技能储备工作，不断优化人力资源运行机制，走可持续发展之路。值得注意的是，《国务院关于加快发展现代职业教育的决定》（国发〔2014〕19号）文件规定了企业举办或参与职业教育的诸多优惠政策，不但兼顾了企业的利益需求，而且激发了企业参与职业教育的积极性。相关政策规定企业可以举办职业院校，只要办学符合职业教育发展规划要求，各地可以通过政府购买服务等方式进行支持。

为了转变一些行业、企业只看重企业利润而淡忘自身应承担社会责任的观念，《国务院关于加快发展现代职业教育的决定》（国发〔2014〕19号）文件明确提出要将"企业开展职业教育的情况纳入企业社会责任报告"。我们相信，通过一系列2014年职业教育工作会议精神的宣讲与落实，越来越多的行业和企业会深刻认识到参与职业教育既是一种社会责任，又是企业转型发展、升级改造的需要，尤其是可以直接为企业解决技术人才瓶颈问题、为企业提供技术革新产品研发等方面的智力支持、提升企业的社会知名度、树立企业关心职业教育的良好形象、增强企业文化核心竞争力等，从而打造现代学习型企业，

走可持续发展之路，促使企业自觉自愿地采取切实行动，担负起共同为经济社会发展培养高素质、高技能人才的社会责任和使命。

（二）完善校企深度合作运行机制

1. 成立负责校企合作的专职机构

我国应成立由学校、企业、政府相关部门、社会有关团体等多方参与的校企合作组织机构，专职负责校企合作的运行与协调，如校企合作委员会；校、政、企及相关社会团体要共同商议、签署合作章程，明确各方在校企合作机构中的权利与责任，校企合作运行中的作为与不作为，以及相应的考核、奖罚机制；专职机构要切实履行职责，定期开展工作，要成为校、政、企及相关社会团体多方合作的重要平台。

2. 建立校企合作共同发展机制

我国应要坚持"高素质教育、高质量就业"的指导思想，建立健全"企业支持学校办学，学校为了企业办学，校、企履行社会责任，社会关心校、企发展"的共同发展机制，加强校企合作制度的建设；充分发挥校企合作组织机构的桥梁纽带作用，逐步提升校企合作的紧密度，使校企合作更具有实际意义，实现校企合作工作经常化、制度化、规范化。

校企双方在建立校企合作共同发展机制的同时，要充分考虑校企合作双方共赢的利益前提。在校企合作过程中，企业的利益主要体现为以下几点。

①可以优先选择到优秀的高技能人才，学校的教育资源能够帮助企业对职工进行继续教育，从长远考虑，可以提高企业的核心竞争力。

②职业院校的信息与技术服务，能够帮助企业对新产品、新工艺的研发，帮助企业改造设备技术、引进新技术。

③树立企业形象，提升企业的知名度。

④学生在企业进行实训，接触企业生产设备及产品，在一定程度上对潜在消费者具有广告作用。

⑤校企深度合作企业分担责任的同时也能获得相应的经济利益。

3. 建立校企合作培养市场机制

在校企合作的过程中，学校、企业、社会有关团体和机构都要发挥各自的优势，不断推动高技能人才的培养。学校要充分利用教学资源，扩大培训范围，为企业培养出能够满足职业需要的技术人才，为企业提供更多服务；企业要为学校提供资金、物质、人员等支持，充分利用资源，推动校企合作的进展；社会有关团体和机构要关注校企合作动态，积极为校企合作双方沟通信息、协调运作，为开拓合作市场提供便利，从而实现学校、企业、社会的"多赢"目标。

总之，有效推进校企深度合作是一项综合性强的跨界工作，既需要政府出台相关政策，为校企合作工作提供制度保障；又需要社会尤其是企业积极参与，充分履行职业教育主体责任；更需要职业教育的主管部门、职业院校积极主动作为，通过合作办学体制机制创新，调动政、校、企合作办学，积极培养技术技能人才，从而有效推进校企深度合作。

第三节　职业教育信息化教学的意义与必要性

一、职业教育信息化的意义

职业教育信息化是通过现代化信息技术来推动职业教育教学改革和发展的过程。一定程度上将职业教育个性化、教学管理网络化、学习环境虚拟化是职业教育信息化的特征。职业教育为社会需要提供优质服务的目标可以通过职业教育信息化实现。信息化教育可以创新职业观念，全面提高职业教育的教学质量，提升教学效率。所以，加强职业教育信息化建设对职业教育有着极其重要的意义。

（一）拓展职业教育空间

职业信息化教育能够更好地满足社会不同层次对职业教育的需求，也能够实现非学历教育对职业教育的需求。职业信息化教育在很大程度上突破了物理空间和时间的限制，可以实现跨时空的资源共享。目前，我国已经出现了一种虚拟教育环境。如果通过虚拟教育环境可以将校内环境和校外环境连接起来，就能够使任何人在任何时间、地点学习任何知识，为职业教育拓展了发展空间，满足社会对职业教育多方面的需求。

（二）推进职业教育管理现代化

教育信息化的实现，通过教育理念与现代信息技术的有机结合，为职业教育管理网络化提供了一个平台，使职业教育管理网络化。网络化的职业教育管理与传统管理方式相比更加科学、规范，而且能够实现无纸化办公。实行网络办公能够提高行政管理的效率和质量。职业教育信息化的建设极大地提高了我国职业教育的管理水平，促进了职业教育现代化的发展。

（三）加快职业教育教学改革

职业教育信息化建设丰富了学校的教学内容。通过网络，全球的资源可以被共享，加快了教育教学改革的步伐。职业教育信息化的实现，通过多媒体技术，改变原来单一的教学模式，使教育教学变得更加客观，教学过程更加自主，使学生能够自己选择学习内容，提高了学生对学习的兴趣。而且计算机教学管理的功能可以实现电子学习档案的建立，包括学生的学习活动记录、学习评价信息、学生的电子作品等，可以全面客观地对教学进行评价。

二、职业教育信息化的必要性

信息技术改变了我们的生活。信息技术的推广应用，使企业的生产和服务、管理和制度、设计和制作都发生了改变。同时，这也就要求这些工作岗位人员的技能要发生改变。随着信息技术的普及，对职业院校的毕业生、职业院校的教育内容以及教育模式也提出了新的要求。

职业教育不同于普通教育，它的目的是帮助人们获得技术型、技能型职业的能力和资格。职业教育的办学方针是服务经济，导向是就业需求，旨在培养毕业生的就业和创业能力。工作岗位技能要求的改变必然带来对职业院校教学内容和方式的新要求。这些新要求包括：毕业生要掌握一定的信息技术；教学和实训过程要利用信息技术。

为了使毕业生在就业时掌握一定的信息技术，尽快适应岗位要求。职业院校既要在课程内容中呈现信息技术，又要在教学手段中利用信息技术，让学生在信息化环境中学习信息技术。

为了满足工业信息化对人才的需求，职业学校不仅要对信息技术专业的学生采用信息化的手段进行培养，而且对其他专业毕业生也要用信息化的手段进行培养，提升他们的专业技能，培养他们的信息技能。离开信息化环境或情境，很多信息技术是无法掌握的。比如，财会专业的"用友软件"，如果不使用公司提供的教学版进行实训，毕业生无法达到行业的上岗要求。又如，操作型数控技术人才是指承担数控机床具体操作的技术工人、承担数控编程的工艺人员、数控机床维护与维修人员都需要具有不同程度的信息技术。这些信息技术离开特定的信息化情境是无法培训出来的。从这个层面上来讲，职业教育信息化的任务比普通教育的任务还要重。

目前，我国职业教育的教学模式采用的还是传统的教学模式，不符合现代化工业的要求。主要表现在下面几个方面。

①教师在教学过程中只注重知识的传授，忽视了学生能力的培养。

②教学方法、教材陈旧，对科目的划分过细。

③教学以教师为主体，学生参与度低。

④目前的教育模式仍为应试教育模式，无法使学生个性发挥出来。

⑤缺乏现代化硬件设备，一些实践活动无法进行，只能纸上谈兵，培养出来的学生无法满足现代工业的要求。

由此可见，在高等职业院校的教育中开展现代信息教育是十分必要的。这既是市场经济的选择，又是工业进程的要素。

第四节　新时期农村职业教育发展的困境、归因与对策

一、农村职业教育发展的困境

职业教育在 20 世纪 80 年代到 90 年代初期飞速发展，但是从 20 世纪 90 年代后期开始出现下滑趋势，具体表现为招生就业困难，办学质量不高，东西部差异大等低迷现象。一方面，根据国家相关部门的分析，到 2050 年将有近 3 亿农村剩余劳动力向城市进行转移，对职业教育的潜在需求很大；另一方面，从目前职业教育的现状来看，与普通教育院校相比，职业教育的招生与之相差很大，结构不合理，潜在需求没有转化成现实需求。大多数家庭和个人的教育需求都偏向于普通教育，个人需求和社会需求不统一。具体表现在以下几个方面。

（一）规模扩展迟缓

近几年来，虽然整个中等职业教育的招生状况有所好转。农村职业教育的规模也有所扩大，但与中等职业教育、普通高中教育的增长速度比起来，却相对较慢。而且农村职业教育规模的扩大跟目前我国正处于高中学龄人口高峰期、财政对职业教育中贫困生资助范围的扩大和力度的增大有很大关系。因此在人口高峰过后农村职业高中的发展形势将会变得更加严峻。

目前，我国初中毕业之后不能升入高中的有近千万人，高中毕业不能考入大学的有数百万人，而大学毕业后不能及时找到工作的也有上百万的毕业生，就业十分困难。但是，社会对各类的技能型人才需求量却很大，近几年来都是供不应求。教育资源供给和教育需求之间并不对等，从而造成了教育资源和人力资源的浪费，不利于建设和谐社会。

（二）毕业生就业出口不畅

农村职业院校对口升学比例高，大量毕业生出路狭窄，就业困难。我国人口众多，基础发展水平不高，再加上学校制定的培养目标与就业岗位出现错位，导致职业学校的毕业生就业困难。

由于农村职业院校的毕业生就业困难，影响了人们对职业教育的选择。根据调查显示，农村职业教育水平不高、市场反馈不及时、毕业生就业困难形成不良循环，使学生和家长对职业教育没有信心。人们对职业教育的需求没有被有效地激发。这种情况严重影响了我国职业教育的发展。

（三）发展不均衡地区差异大

根据调查显示，职业教育的发展和当地经济的发展有着紧密的联系，在不发达地区经济发展滞后，就没有办法吸引到优秀的职业学校毕业生，从而使东部、中部、西部的职业教育水平相差很大。无论是在学生数量、办学资源、师资水平上，还是在对职业教育的资金投入上，东西部之间都有很大差异。这些能够反映出当地政府对职业教育关注程度的区别。

（四）办学方向错位背离了职业教育的时代要求

根据调查显示，目前农村职业高中的办学宗旨就是对口升学。这也是大部分学生接受职业教育的直接目的。这与国家产业结构发展和城镇化战略是严重不符的，与国际和社会赋予职业院校的教学任务相背离。

随着经济社会的发展，农村的发展水平也越来越高。农村地区急需新型农民，即有文化、有技术、懂管理、会经营的综合型人才。近年来，各级各类的农村职业院校也会结合当地的情况组织各种教育培训，为农村的经济发展做出贡献。但是，职业教育学校的教学内容与社会实际情况还存在着很大差距，存在着不同程度脱离农村实际情况的现象，显示出其服务能力不足的问题。

另外，各地农村职业学校在为新农村建设服务的深度和广度上都存在着不足之处与亟待解决的问题。虽然许多职业学校都将"以服务为宗旨、以就业为导向"作为办学指导思想，但并没有看到职业教育与新农村建设的互动双赢关系，没有主动参与新农村的建设服务，服务社会的能力不足。

对口升学的政策的吸引可以有效保障职业院校的生源。这也是中等职业院校能够发展的重要原因。将学生吸引到对口升学的道路上来，让他们可以接受高等职业教育，是对口升学职业高中发展的核心。

受传统教育的影响，大多数的农民子女都认为接受高等教育可以改变身份和地位，能够提高收益，所以会带着升大学的愿望到职业学院去学习，在落后地区这种现象尤其明显。

但是相对于家长和学生的需求，对口升学的职业院校水平和数量还相差甚远。如果职业院校以此为办学定位，不但无法起到转移农村剩余劳动力和促进产业结构的作用，还会给自己的办学带来负面影响。

（五）农村职业教育投入严重不足，缺乏制度保障

在农村职业教育院校中，公办职业学校的教师工资是由政府发放的，基本上是有保障的，但是在改善办学条件、加强教师培训等方面还仍有所欠缺。而民办职业教育院校所有的资金都是自筹自创的，所以教学条件、规格和设备就更差。

我国在总体上对职业教育的投入就不足，对农村职业教育的投资更有限，甚至还存在经费被挪用的现象。再加上农村职业教育的资金主要来自国家政策性的拨款，资金来源渠道过于单一。农村地区财政拮据，拿不出钱，就要靠学生交学费，但是农村人收入有限、承受力低，所以，就会出现经费不足的问题，从而制约了农村职业教育的发展。而政府投入不足，又导致农村职业教育的办学条件更落后。

从办学条件来看，农村职业教育院校普遍存在资源短缺、实习基地不足等现象。我国农村职业学校的生均教育经费长期低于普通学校，多项办学基本指标没有达到国家规定的办学要求，而且远远低于普通学校办学的基本指标，增长速度也多数低于普通学校。

职业高中的平均水平尚且如此，可想而知农村职业高中的情况会更糟，与普通高中的差距会更大。经费投入不足，导致农村职业学校的设备、设施落后，困扰着农村职业教育的发展。有些农村职业学校办学经费紧张，无法承担正常的维修、水电开支、教师办公、教师医疗保险、教学耗材补充、教师培训等费用，有个别学校连正常的运转都很困难，根本谈不上发展。绝大多数农村职业学校没有达到国家规定的图书、实验仪器配备标准。2001年，全国农村职业高中的生均校舍建筑面积为15.72平方米，生均教学设备和辅助用房为6.3平方米，生均图书25.5册，每百名学生拥有计算机12.3台；2002年分别下降为14.69平方米、5.84平方米、23.6册、10.4台。这种现象严重影响了农村职业教育的健康发展。

通过对国家财政性经费在高中阶段职业类院校的使用情况进行统计，可以发现投入到普通高中的经费要低于投入到中等专业院校的经费，但是，从2001

年开始，投入到中等专业院校的经费开始出现下滑，基本与普通高中的投资持平。但是投入到职业高中的经费一直低于投入到普通高中的经费。而投入到高等院校和义务教育阶段的经费却在逐年增加，使中等职业教育的发展受到了制约。

来自国家和各地政府的资金投入远远不能满足职业学院的办学需求，所以学校办学经费的主要来源就是向学生收取学杂费，这也就直接造成了农村职业院校学生接受职业教育的成本增加。

（六）师资队伍整体素质达到要求

在全面推进素质教育、加快职业教育的改革和发展的过程中，农村职业教育教师队伍的整体素质还达不到要求。主要表现在师资数量不足、教师队伍不稳定几个方面。

1. 师资数量不足

目前，大部分的农村职业院校都在扩大招生、扩大办学规模。但是受到编制的限制，教师引进人数较少，导致生师比例偏高，教师负担过重，难以满足正常的教学需求。近几年来，职业高中的生师比直线上升，离标准规定越来越远。而且全国各地的生师比差异很大，最高的省份是安徽省，其最高的生师比在 2007 年达到 38.37，而同期北京的生师比是 12.58（最低），相差三倍还多。所以，当前中等职业院校尤其是农村职业院校的首要任务就是扩大中等职业教育规模、增加教师数量。

2. 教师队伍不稳定

由于农村职业学校所处的地理位置一般都比较偏僻，交通不便，再加上职称晋级上的难度等主客观因素的存在，很多农村职业学校教师感到前途渺茫，于是部分职业学校教师选择了跳槽。农村职业学校教师会去城市职业学校或者普通中学，有的干脆脱离教师岗位，使农村职业学校教师队伍处于不稳定状态。

二、农村职业教育发展的困境归因

我国教育的目标是将巨大的人口压力转化成庞大的人力资源。在这一过程中，职业教育是一项重要的教育类别，承担着培养数以万计的高素质人才的教育责任。职业教育是对职业技能和能力的培养，其教育成本远远高于普通高等教育。但是从全国的调查数据来看，职业教育的投入却远不如普通教育，和其承担的责任不相称。农村职业教育的资源配置和使用效率就更低了。资源的分配在很大程度上是不公平的。农村职业教育缺少公共支持。

（一）面向市场办学

职业教育的发展方向就是面向市场办学。但是市场上的中介服务、市场信息等机构还不能满足职业教育发展的需要。对于就业市场信息了解不及时导致了职业教育办学的盲目性。对就业市场信息不敏感，而职业教育周期又比较长，二者相互影响，造成了学校培养的人才与市场需要脱节。长此以往，一方面，有些专业的技术人才过多，另一方面，有些专业的技术人员缺乏，使职业技术人才结构不合理。

目前，我国大约有三分之一的省和城市还没有专门的职业教育教学研究机构，学生就业主要依靠的是自我服务和民间的自发组织。目前职业院校的毕业生劳动市场还处于发育阶段，加上体制分割，地方的劳动部门只针对技工学校提供劳动市场信息。政府对市场经济下职业教育的要求还没有完全适应。政府的调控作用与市场机制还没有很好地结合起来。

（二）制度建设严重滞后

目前，我国已经颁布了一些与职业教育相关的法律法规。但是通过调查发现，很多制度都存在滞后性，而且执行力度不够，职业教育的运行仍然缺乏相关的环境支持。例如，一些企业在招聘员工的时候会存在"就业陷阱""虚假订单"等企业失约现象；甚至有些企业存在欺诈行为，将学生骗去之后，并不按事先约定提供承诺好的待遇，或是在试用期之后将学生辞退。由于没有相关的法律法规约束，很多学生在上当之后却无处申冤，只能被迫接受损失，进一步加大了学生就业的难度。同时也会使学生和家长对于职业院校的教育环境失去信心。

（三）产业结构发育不健全

我国现行的产业结构，特别是不发达地区的农村产业结构，还是以传统农业为主，对职业教育的毕业生吸收能力很低。截止到 2003 年，我国三个产业就业结构的比例为 49.1 : 2.6 : 29.3，与其他国家相比，我国第一产业的从业人员明显偏多，但是第三产业的从业人员又相对偏少。

另外，我国劳动力进入市场的准入机制并不完善，很多没有接受职业教育培训的廉价劳动力进入第二产业和第三产业。这就会让不发达地区转移出来的劳动者错误地认为，接受中等职业教育没有用，不接受中等职业教育一样能够就业，从而失去接受职业教育的动力。有些劳动密集型企业，对技术要求低，是所有劳动力都能够胜任。所以，劳动力市场准入机制不够健全，导致了人们

对接受中等职业教育的必要性显著减弱。

（四）国家没有重视职业教育的高成本

职业教育比普通教育成本高这一事实没有得到国家的重视，因而也就没有相应的补偿。这是政府职能发挥不足的表现。很多职业院校的政府经费不足一半，难以满足学校正常的办学需求，所以就要靠招生收费、收取杂费、创办企业来解决资金问题。这给职业教育的发展带来了阻碍。

对于企业来说，由于技术在相关行业具有普遍适应性，使职业教育有一定程度的外溢性，所以，部分企业会采用学徒培养的模式来补充劳动力，而不是投资中等职业教育。而且目前的法规也并没有规定企业有职业教育的义务，所以，企业作为受益方却并没有分担中等职业教育成本的义务和责任。

三、农村职业教育的困境解决对策

目前，从中央到地方都把加强职业教育加入各级发展规划，进行统筹安排，加大对职业教育的扶持力度，促进职业教育与其他各类教育的协调发展。党的十七大报告提出要"大力发展职业教育"。农村的职业教育院校都处于县乡，更需要各级政府为农村职业教育做好相应的服务、引导、规范和保护工作，从实际出发解决农村职业教育发展中的问题和困难，大力支持农村职业教育学校的发展，促进农村职业教育可持续发展。

（一）营造氛围促进发展

1.树立科学的职业教育发展观

长期以来，受世俗偏见的影响，农村的直接教育发展得很艰难。想要改变这种现状，就必须从根本上改变人们对职业教育的认识，尤其是对农村职业教育的认识。

首先，通过舆论宣传，让人们了解到社会对人才的需要是多层次的，而且需要大量的中、初级的劳动者。而职业技术院校的主要培养目标正是培养实用型、技能型的人才。

其次，采用网络、多媒体以及其他大众媒体进行宣传，使人们明白职业教育的重要性，多宣传一些职业院校的典型事例、巨大成就等，改变人们对职业院校的陈旧认识，了解现在职业院校的社会价值。

最后，将农村职业教育发展情况纳入政府政绩评估项目中，通过政府职能，有效地促进农村职业教育的发展。

职业技术教育的水平的高低会直接反映到实践能力和业务能力上。如果职业技术教育水平不高，那么相应的实践能力和业务能力也会低。其根本原因还是没有能够摆脱学科性教育的框框。所以，今后职业教育的发展方向就是要培养出实践能力强、能够满足岗位需要的综合素质人才。

2.切实把发展农村职业教育摆到重要战略地位

在法律层面上，我国应通过法律修订，确立农村职业教育的重要地位。在发展教育事业的问题上，长期以来我国普遍存在"重城市、轻农村"的思想；在不同教育类型上，则存在"一高教、二普教、凑凑合合抓成教职教"的思想偏见。为充分发挥职业教育在新农村建设中的作用，我国必须进一步转变对教育、对职业教育、对农村职业教育的看法，并通过适当方式进行加强。

从政府行政层面看，各级党委、政府特别是主要负责同志，要明确认识到职业教育工作的重要性，真正地将职业教育工作放在优先发展的位置上，坚持贯彻依法治教。各地应该结合当地实际情况，将职业教育纳入当地经济发展规划和年度计划之中；重视职业技术教育，在保障至少有一所县级以上的职业中学的基础上，加强与大中城市职业教育和企业的合作，促进当地职业教育的发展，为社会主义新农村的建设做出贡献；要建立相应的工作责任制，建立农村职业教育联席会议制度，把职业教育对地区社会主义新农村的建设和对经济社会的发展的贡献和科技兴地区、县、乡、村的成绩列为考核县、乡主要负责同志的一项重要内容。

从教育层面看，我国要在发展教育的思想的基础上，根据我国农村人口占大多数的实际情况，提出优先发展农村教育，突出发展农村职业教育的思想。在建设学习型社会的框架下重新定位职业教育，并将其纳入教育的主流体系中。

职业教育、普通教育、特殊教育共同组成整个教育系统。作为教育系统的一部分，职业教育有着自己特殊的地位和任务。目前，工业化进程的发展不断加快，职业教育的基本任务是培养出大量优秀的中高级的应用型人才，满足不同产业结构对人才的需要。

目前，精于技术的人才和业务人才是我国最缺乏的人才，例如高级技工、业务员、应用开发人员等。这也充分说明职业教育要明确培养目标，了解市场需求，培养出技术过硬、符合企业要求的技术性、业务性人才。

（二）加大投入改善条件

目前，我国的职业教育作为一种教育类别尚处于弱势，还需要国家的大力支持。不论是从受益与投入主体的一致性原则看，还是从产业结构升级对农村

劳动力转移的巨大需求来看，抑或是从消除教育差别、合理发挥政策来看，政府都应该大力发展职业教育。在明确这一宗旨的基础上，政府和农村职业学校要实行以下策略。

1. 政府拓宽融资渠道广泛吸纳社会资金

教育部门要制定相关政策措施，推动企业增加对农村职业教育的投入，继续提倡和鼓励企业、事业单位、社会团体以及公民自愿捐资助学，集资办学，欢迎港澳台同胞、海外华侨、外籍团体和友好人士对职业教育的支持和捐赠。

2. 政府要加大对农村职业教育的经费投入

目前，农村职业教育的基础相对薄弱。政府部门要给予一定的政策支持和财力支持，为农村职业教育的健康发展提供保障。当地各级财政部门也要建立起职业教育专项资金，并且做到逐年增加、专款专用，使农村职业教育充分发挥作用，同时也要为职业院校的实践训练场所提供和资金支持，保障学生实践能力的培养途径。所以，国家才是职业教育办学的投入主体。

目前，我国职业教育经费投入的主要渠道是政府财政拨款，由财政部门将教育经费预算全部划拨到教育部门。国家财政用于职业教育的经费本身就很少，不超过教育经费总投入的10％，其中又没有规定职业教育、农村职业教育经费的分配比例。实际上，农村职业教育的经费占的比例很少，而且地方各级政府也没有相应的保障措施去对农村职业教育经费进行管理，造成农村职业教育经费难以落实。所以，为了保证农村职业教育的发展，各级财政仍然需要通过各种渠道增加投入。

3. 农村职业学校自身要拓宽经费渠道、改善办学条件

农村职业学校的校长要改变过去那种"等、靠、要"的思想，要善于管理学校，经营学校，通过多种途径发展学校。农村职业学校可以利用自身的专业优势，办好生产实习基地，坚持产教结合；利用与农村、农民、农业距离近的优势，积极开展农业技术咨询，既可以解决农民的现实问题，同时对学生也是一个很好的实践锻炼机会。农村职业学校还可以采用联合办学的形式，通过与城市职业学校的联合，既能互补优势，节约办学经费，又可以吸引社会力量投资办学、捐资助学，拓宽教育资金渠道，促进自身发展。

（三）以城带乡，加强合作

以工促农、以城带乡是统筹城乡发展的战略举措。党的十七大提出了走中国特色城镇化道路的战略思想，十七届四中全会又对统筹城乡经济社会发展，

构建新型工农、城乡关系做出了部署。因此，以工促农、以城带乡是目前我国实现城镇化、工业化，促进国家经济社会发展的重要战略，同样也应被贯彻到农村职业教育发展战略上。

对于中等职业院校，国家应该给予开放、自主的优惠政策，鼓励多元化、多样化的发展。我国应开放多种办学模式，除了民办院校外，还可以开办民营、合资、捐资等办学模式，坚持"谁投资，谁优先收益"的原则；充分调动社会各界的办学积极性，促进职业教育的发展。

农村职业院校的办学条件不好，而且普遍存在设备低劣、设施不全、图书陈旧、缺乏实习基地的问题，此外，还存在教师紧缺、学历偏低、素质不高、学校管理水平低下等问题。近年来，高等教育扩招之后，城市的中等职业院校生源大幅下降，部分教育资源处于闲置状态。而且城市的职业院校无论是在教学设备、师资队伍方面，还是在教材方面都要比农村职业院校好。因此，农村的职业院校可以加强与城市职业院校的合作，以此来促进农村职业院校的发展。

（四）革新人才培养模式

职业院校应"以就业为导向"为办学宗旨，改革人才培养模式，尝试多种人才培养模式。加强工学结合、校企合作的人才培养模式，进一步增强学校与企业之间的联系。同时，企业也应该更加积极地参与到职业教育人才培养中，有针对性和实践性地培养人才。另外，学生在选择就业的时候，可以选择自己熟悉的所在地，从而缩短在企业的适应期。

（五）激励先进，引领发展

各级县市政府要加强对农村职业教育的重视程度，通过一些政策或者奖励措施，促进农村职业教育的健康发展，同时可以为其他县市树立榜样。例如，河南省委省政府早在2004年就开始了"职业教育强县（市）"的创建工作，目的就是通过激励先进，引领农村职业教育协调发展。

（六）面向市场改革职校

1. 推动农村职业学校体制机制创新

大力推动集团化办学。职业教育集团化办学是职业教育产教结合、校企合作办学形式的发展与提升，是职业教育由量的增加到质的提高、由"小而散"到"大而精"、由粗放经营向集约经营转变的重要标志，是一种新型的办学模式。职业教育集团化办学，为职业教育体制改革提供了有益的尝试和更加广阔的发展空间。

大力发展民办职业教育。支持民办力量投资农村职业教育是推动农村职业教育快速发展的必由之路。经批准举办的民办职业院校，在土地征用、项目建设、学生资助、税收、银行贷款、职称评定、评先奖优等方面与公办职业院校一视同仁。经当地政府批准，民办中等职业学校可依法以捐赠者姓名、名称命名学校的校名、校舍或者其他教育教学生活设施。我国应鼓励省外、境外组织和个人合作举办职业教育。各级政府可采取出租、转让闲置教育设施等措施，扶持民办职业院校发展；依法加强对民办职业院校的管理，确保其依法办学、健康发展。

2.深化农村职业学校的教育教学改革

（1）更新农村职业教育办学观念

农村职业教育要进行改革的地方还有很多。其中一个重要方面是变革农村职业教育的办学观念。长期以来，大多数的农村职业院校都将办学的重点放在了如何提高学校的对口升学率上，因而专业设置、师资队伍、教育教学安排等环节都围绕着对口升学工作而开展，偏离了农村职业教育服务农村经济社会发展的重要使命。所以，在农村职业教育教学改革进程中，最重要的就是改变农村职业教育的以对口升学为导向的办学观念，使之切实转到以就业为导向的办学理念上来。

（2）创新人才培养模式

在农村职业教育改革的过程中，相关部门或机构应大力推行工学结合、校企合作等人才培养模式。农村职业教育应让学生在受教育期间不但能够学到理论基础，而且能够到企业进行实践，以保障教学质量；应让学生不但能够掌握知识，而且可以将知识运用到实际生产过程中；应不断的培养学生的创新能力、创新意识以及综合素质，从而增强学生就业和创业的能力，满足社会对人才的需求。

（七）加强培训提高师资水平

1.拓宽教师来源渠道，确保师资充足

面对农村职业院校教师数量不足的问题，可以采用多种招聘渠道。首先是招聘应届的本科毕业生。目前中职院校的教师大部分都是本科院校毕业生。其次是招聘兼职教师。企业中有很多高级技术人员和高级工程师，他们都是企业骨干，不但理论知识扎实，而且实践能力强，对本行业了如指掌，可以很好地帮助学生认识岗位，提高社会适应能力。

2.提高农村职业学校教师的待遇

农村职业学校的地理位置普遍比较偏僻，生活没有城市那么便利。而且农村职业学校的教师社会地位不高，工资低，待遇差。这使得教师的流动性很高，没有稳定的师资队伍。只有提高目前农村职业学校教师的工资待遇，才能改变这一现状，吸引更多优秀的教师，建立稳定的师资队伍。

3.拓宽教师培训渠道，保证师资质量

农村职业学校也要重视对现有师资队伍的培训，提升师资质量，提高教学水平。首先，农村职业学校要重视校内培训，根据本校实际情况对教师进行有针对性的培训，提高教师水平。其次，要发挥相关行业的培训优势，通过校企联合为教师培训提供条件；最后，可以利用普通高校培训教师的优势，充分发挥培训基地的优势，满足教师的学习需要。

第四章　中高等职业教育的衔接

中高等职业教育的衔接不仅是教育层级间的顺序承接，也是培养目标和教学内容等的内在关联，历来受到世界各国的普遍关注。各国根据本国的国情，积极探索出具有各自特色的衔接方式。虽然各国中高职教衔接方式存在差异，但是也有许多相同或相似之处。构建完整的职业教育体系，充分利用教育资源，发挥最大的教育功效，从而使社会发展对职业技术人才的需求得到满足，是各国探索中高职教衔接的意义所在。

第一节　国外中高等职业教育的衔接

一、国外中高等职业教育衔接的原则

（一）能力本位原则

在国外，大多把能力本位作为中高等职教衔接过程中的主线。这也就是指综合职业能力的衔接，其中包括专业技术能力衔接。而这一衔接是由职业技术、职业技能和职业能力组合而形成的。在英国，职业资格证书制的建立，使得职业教育应该达到的标准和程度更加明确，同时，这一制度涉及了各个层次（包括中、高等职业教育）、各个专业以及职业知识、职业技能和职业能力等多个方面，并且也对证书等级与对应的职业能力等级和职业教育层次之间的关系做出了相应的规定。就中高等职教之间的课程和教学来说，各国应该将关注的重点放在职业能力和核心技能课上，在衔接时要以前者为基点，以后者为内容进行。在瑞士，关于培养学生的交际、方法以及专业方面的能力一事，职业完全中学是非常重视的。毫无疑问，这些能力十分关键，并且是学生升入高级职业院校的必备能力。对美国的学生而言，应该以珀金斯法案为依据，在其技术准备方案中应具有把理论运用到实践中去的能力，具体来讲，就是无论身处什么

样的技术岗位，都可以把自己所学到能力以及全部的原理、概念和技术运用到实际工作中去的。而在德国，职教课程的主要形式是"双元制"。这种课程形式的建立以岗位能力分析为基础，对各方面能力的培养都非常重视。而日本的职业高中的重要任务便是对学生的创造力、社会适应能力和国际化能力进行培养。由此可以发现，世界上许多国家非常重视能力训练体系的形成和理论与实践课的有机结合。在中高职教衔接中，能力本位成为衔接的指导思想。

（二）专业对口原则

高等职业院校往往都会坚持专业对口原则，即对于中等职业学校的专业相同或相近的毕业生，高等职业院校会优先招收，进而使高等教育开展起来。这也是发达国家在进行教育改革的过程中的成功经验。在"双元制"的职业教育中，课程结构是职业基础、职业核心和专业教育相互渗透和相互贯通的结构模式，并且会以综合课程的方式组合起来。英国采用统一系列模块将课程分解，由此可以更好地实现各教学单元之间的衔接。法国在组织高中会考时会依据专业的分类分开进行，从而实现与不同高校对口衔接的目的。与此同时，为了更好地实现专业对接，职业院校可以拓宽口径，并且采取拓展性的职业方案。举个例子来说，在法国，职业学习证书涉及的专业由1982年的76个减少到了1997年的34个，由此，各个专业传授的职业知识更加丰富了。由此可以发现，世界各国在中高职教专业衔接中均增强了专业适应性，加强了专业对口衔接，从而促进了学生的专业学习和技能训练以及综合职业素质的培养。

（三）"人口"学历达标原则

中等职业教育和高等职业教育分属于两个不同层次的教育，有其相对的独立性和不同的人才培养目标或规格。并且在职业教育人才培养体系中，中职和高职属于两种不同的教育形式，要想更好地体现出前者是后者的基础、后者是前者升华的目标，实现二者有机结合，就需要在开展衔接时严格遵循高职"人口"学历达标的基本原则。国外的一些国家在中职毕业生升学道路的探索过程中，认识到了采取的教育功能不能对中职学生就业造成改变和冲击；同时为了实现中高职衔接，采取的主要举措是中职毕业生的学历达标补习。法国在此方面也颁布了相应的政策措施，其中规定高职院校不设入学考试，如果一个学生持有普通高中、技术高中等毕业会考文凭，那么他就享有进入高职院校的资格。设置高中毕业会考补习班，通过专门的补习，即毕业生再学习的方式，可以使中职毕业生获得职高的毕业会考证书，进而取得进入高职的资格。这一补习的主要学习内容是文化知识，兼有职业知识。德国主要采取"双重学历达标"的补习方式。想要进入高等专科学校的中职毕业生必须学习相应的过渡课程。世界上的大多数国家都规定了高等职业教育归属于第三级教育，是建立在中等阶段高中教育基础上的教育，它会对入学者的基础教育时间有所要求。一般来讲，基础教育时间为 11 ～ 12 年，如果达不到，则令其进入补习学校，通过补习达到学历标准。这种措施，也确保了高等职业教育的教学质量。

（四）学业认可原则

在落实终身学习思想方面，学业认可原则是其中的一个重要原则，即无论个人在何时、何地、以何种形式取得怎样的职业教育与培训成果，它都可以保证这些教育和成功得到应有的承认，其中包括学过的课程、取得的成绩、资格以及等级证书，并且将这些视作个人在终身学习过程中的新起点，促使其达到更高级的职业目标。大部分的欧盟成员国，如意大利、葡萄牙等国家，都会承认中职毕业生升入高职院校的资格。德国设置了专门的高等专科学校和大学的预备学校，即专科高中和职业中学。学业认可原则可以有效地避免重复学习和职教资源的浪费，同时也促进了中高职教的有机结合。

二、国外中高职教衔接的形式

（一）单元衔接法

为了实现中高职的有机衔接，英国创立了单元衔接方式。这是一种较为成功的衔接方式。教学单元也称教学模块，它是一种教学内容，具有相互独立又各有联系的特点，以课程深浅度为依据将每一教学单元分成若干内容上相互衔接的层次。在教学单元之间往往有着清晰的逻辑顺序、紧凑的衔接关系，既不断档又不重复，因此有着较强的教学适应性。结合上述内容，我们可以发现，在英国，对于中高职教间的课程与教学的衔接而言，基点为职业能力，主要内容为核心技能课程。

教学单元衔接法是较为完善的衔接形式。与其他衔接方法相比，这一衔接方法可以有效地避免重复学习或内容脱节等弊端的出现。但是，它也有不足之处，即在制订教学单元方面有着巨大的工作量。

（二）分类衔接法

法国设立了专门的职教机构。其主要职能就是对中职毕业生进行专门补习，由此为学生升入高职打下基础，使其达到相应的学历标准。为了使中高职有机地衔接在一起，相关人员要合理地使用课程分类法。其具体操作方法：以行业、

职业为依据，将中职分为各有其统一课程设置标准的 17 类，每一类都有高职的专业相对应。而设计高职课程的基础就是该类的课程标准，由此来使中高职课程有效地衔接在一起。

这种衔接方法的优点是制定的课程标准只涉及几十种科类。相比于制订几千个教学单元，这样要简单得多，工作量也相对要少很多。其缺点是有着很宽的分类，许多专业都被包含于一个种类之中，课程衔接实质上是被局限在各专业的同一基础课程之间的，在衔接中难免会有脱节和重复。在这一衔接法中，为了使招生和衔接的质量进一步提高，相关人员需要先做好分类制订课程标准的工作。

（三）直接衔接法

直接衔接法通过中职和高职教学大纲或课程一体化的方式，实现二者的衔接。比较典型的代表是美国和俄罗斯。在美国，现行主要的教育体制是把中等教育与高中后技术准备教育相互连接起来，并且统一制定出教学大纲用于实现中高职衔接，使用以应用为导向的综合课程的衔接方式。具体的做法：建立高中综合体系且要以应用为导向，同时把学科和职业两方面知识的学习结合起来（实现教育衔接的基础就是该课程体系），改变高中职业课程，将其转换为高中后技术教育的准备课程，其中使用的衔接方式主要是"2+2"职教衔接方式。为使技术准备课程与社区学院、技术学院的实用技术课程建立内在联系，高中职业科教师与社区学院教师共同研究开发课程，并对衔接方案不断进行修改、完善，在社区学院里也要开设一定的供高中学生选择的技术准备课程。这一形式使得大纲与课程有机衔接在一起，不仅可以有效地减少重复学习，而且可以节省更多学时，使实践训练得以强化，从而使中职毕业生搭上了进入高职教育的"直通车"。

第二节　我国中高等职业教育的衔接

一、我国中高等职业教育衔接研究的背景

（一）政策背景

加强中等职业教育和高等职业教育的协调发展和衔接工作，构建现代职业教育体系已经成为国家意志，并多次体现在国家颁布的相关职业教育政策法规诉求中。其中，核心是使中高等职业教育的衔接进一步完善，这无疑也是现在

的职业教育领域里急需解决的问题。近年来，党和政府为了使现代职业教育体系得以成功构建，促进中高等职业教育实现有机衔接，颁布了一系列相关的政策法规文件。1985～2014年，国家颁布了大量的关于中高职衔接的政策。例如，《中共中央关于教育体制改革的决定》（1985年）、《国务院关于大力发展职业教育的决定》（1991年）、《国务院关于大力推进职业教育改革与发展的决定》（2002年）、《国务院关于大力发展职业教育的决定》（2005年）和《关于加快发展中等职业教育的意见》（2005年）、《中等职业教育改革创新行动计划（2010—2012年）》（2010年）、《关于推进中等和高等职业教育协调发展的指导意见》（2011年）、《教育部关于推进高等职业教育改革创新引领职业教育科学发展的若干意见》（2011年）、国务院颁发了《关于建立现代职业教育体系服务经济发展方式转变的决定》（2012年）等。

通过总结近30年来国家职业教育政策诉求，可以清楚地知道，在职业教育协调发展的过程中，中高等职业教育衔接已成为一种必然的趋势，而在我国职业教育发展过程中，进一步加强中高等职业教育的衔接也一直是亟须解决的核心问题。

（二）现实背景

我国中高等职业教育衔接仍然存在大量的理论和实践问题亟须解决。在职业教育政策和法规指导下，中高职教育衔接呈现良好势头，探索出多种衔接模式，中高等职业教育衔接效果明显。但是到目前为止，我国的中高职教育仍未实现"十个衔接"，并且也没有形成真正有效的现代职业教育体系，由此就更谈不上充分发挥其功能、达到"无缝衔接"的境界了。可以说，中高等职业教育间的脱节问题已影响到我国职业教育的发展，制约着我国职业人才的培养质量和效率的高低，并阻碍了经济得发展和社会的进步。所以，推进我国中高等职业教育衔接研究已显得刻不容缓。虽然国内学术界对中高等职业教育进行过相关的理论与实践研究，也取得不少的研究成果，但其可研究的空间仍然很大，且具有重要的现实意义。

（三）高职转型背景

近20年来，我国不断深化高等职业教育和课程的改革，并在此过程中逐渐形成了三次改革浪潮，而这三次改革浪潮的核心分别是实践、能力和工作过程。经过三次改革浪潮的洗礼，高职院校在课程建设方面收获了许多成功的经验，并且也由此创建了大量的精品课程。但是，在课程建设的理念方面，高职院校之间并没有达成共识，甚至有一种彷徨和无所适从的感觉。高职加强与中

职课程的衔接成为新形势下一种发展的必然趋势：地方应用型本科高校转型为高职本科院校试点已经启动；本科高职联合培养应用技术型本科人才将向规模化发展；"中职—高职—应用型本科"教育贯通培养模式改革已经成为常态。2014 年，国务院提出"建立学分积累和转换制度，打通从中职、专科、本科到研究生的上升通道"这一新的职业教育模式。而这里所说的中等职业教育和高等职业教育课衔接是一种"中职—高职高专—高职本科—研究生"的贯通式衔接。此类衔接方式的发展仍然是当前及今后一段时间内的一项重要工作。

二、中高职教衔接的依据

促使中高职教衔接进一步加强，不仅可以促进现代开放的职教体系不断发展和完善、推动中等和高等职教发展得更加快速且健康，而且这是经济社会人才类型和层次的客观需求。

（一）现代社会经济发展对人才的需求

目前，在世界范围内，人才需求趋向高层次是一种十分普遍的现象。其主要原因无疑是知识经济和信息时代的到来使得生产力提高、科技高速发展，进而使得社会对劳动者的素质有了更高的要求。社会发展的实践经验证明了一件事情，即在不同的社会经济发展阶段，对职业技术人才结构的要求也会有所不同，即随着社会经济的发展，这一人才结构会产生相应的变化。同时，随着经济的发展，产业结构以及劳动力层次结构也会发生变化，而这一变化不仅会对职业教育横向的门类专业结构和课程结构产生直接的影响，而且会在很大程度上影响到职业教育纵向的程度结构和人才规格的要求。因此，推动高等职业教育的发展，使得更多的高级职业人才被培养出来，就成为现代经济社会发展的客观要求。在我国，传统的职教观念是比较落后的，教育体制是不顺畅的，并且经济地区间、行业间的发展也是不平衡的。这就使得与经济建设的发展相比，职业教育的发展显得十分落后。特别是我国正处于社会转型时期，经济结构不断变化，经济增长方式也产生了一定的变化，使得就业压力增加，进而导致了中职学校毕业生的就业变得更加困难，而高职院校也面临招生难的困境。所以，为了使现代经济社会对各类人才的需求得到满足，最重要的就是将中职教育和高职教育办得更好，实现中高职教间的有机衔接，从而培养出更多的高素质技术工人和高水平、综合型的应用技术及管理人才。

（二）建立和完善现代职业教育体系的需要

自 20 世纪 80 年代以来，我国职业教育的发展十分迅速，尤其是在 1991

年和 1996 年的两部与职业教育相关的法案颁布之后，我国职业教育的改革成效更加显著，中等职业教育体系也逐步建立起来。而这一体系的主体就是中专、技校和职高。与此同时，高等教育的规模也在逐步扩大，办学效益也在稳步提高。可以说，我国从初等到高等的职业教育体系正在形成。但是，到目前为止，这仍然是一个不完善、不健全的体系。在职业教育的发展过程中，我国遇到的困难有很多，包括过于集中的中等层次、不合理的内部结构以及职业教育内部各层次之间的沟通和衔接的缺失。这些都会对职业教育发挥其应有的功能造成阻碍。比如说近年来，受各方面因素的影响，职业教育的生源明显减少，发展也不景气。与普通高校相比，高职招生变得更加困难。因此，必须推动职教关系逐步理顺、职教结构逐步优化、职教体系逐步完善、高等职业教育得到应有的发展。如果可以做到以上几点，不仅可以使中职发展充满活力，而且可以促使高职院校获得更好的生源，与此同时还可以使高职培养目标得以实现、高职特色得以体现以及人才规格质量得到应有的保障，进而推动职业教育获得健康可持续的发展。

（三）提高职教资源利用率和办学效益的需要

对我国长期以来的职业教育状况进行观察可以发现，发展速度缓慢、办学效益低下、资源浪费严重、潜力未能得到很好的挖掘等问题是普遍存在的。现在，我国经济社会的发展十分迅速，中高职教也随之到了改革的时候。可以说，在近几年的改革中，我国的中职教育已实现了较好的发展，国家示范性、省级示范性中等职业学校和高职院校相继建立起来，有力地推动了我国职业教育的发展。同时，我们应该注意到在中职教育的发展过程中存在着许多制约中高职教衔接与发展的问题，包括对高职缺乏认识、中职学生的文化基础难以适应高职要求、专业和课程等方面难以与高职实现衔接、教学管理较为松散、教学质量偏低等。这些问题都使得职教资源严重浪费，办学效益愈加低下。因而，对中高职教资源进行合理的利用，做出相应的结构调整，使得资源配置进一步优化，将那些有着悠久历史、较高质量、较强适应性的中专进行升格，使其成为高等职业技术学院，从而实现资源共享，已经逐渐成了一种新的发展趋势。

（四）促进高等教育结构调整的需要

高等教育有多样的种类、层次、形式，而与职业相对的技术逐步演化成专门的学科，并传授相应的技术、知识。这是高等教育大众化的一个重要特征。高等教育大众化与高等教育结构的多样化和多层次性是相互联系的，二者相伴而生。自 20 世纪 80 年代以来，我国高等教育的发展十分迅速，北京、上海等

城市已逐步迈入高等教育大众化阶段，但是从始至终我国的高等教育结构都未发生太大改变。无论是在微观结构方面还是在宏观结构方面都存在着很多问题和不协调的现象。数量众多的中等职业教育会对高等教育的发展起到推动作用，促使其从单一学科型向学科型与职业型并举的方向不断前进和发展。

三、我国中高职衔接的发展历程

（一）起始阶段（1985～1995年）

在职业教育体系中，中职教育和高职教育是两个前后相继、互相联系的部分，但因我国特殊的职业教育发展史，中等职业教育和高等职业教育一直关联甚少。1985年，我国颁布《中共中央关于教育体制改革的决定》，提出高职院校应"优先对口招收中等职业学校毕业生以及有本专业实践经验，成绩合格的在职人员入学"。《中共中央关于教育体制改革的决定》使得大力发展职业技术教育的方针确立下来，进一步明确了职业技术教育应发展成为一个初级到高级对口衔接、结构合理的体系。虽然通过对口招收进入高职院校的中等职业毕业生为数不多，但《中共中央关于教育体制改革的决定》打通了中高等职业教育间的联系通道，为中高职衔接提供了政策依据。

（二）初步发展阶段（1996～1999年）

我国于1996年颁布的《中华人民共和国职业教育法》确定了职业教育的完整体系内涵。其中明确提出："建立、健全职业学校教育与职业培训并举，并与其他教育相互沟通、协调发展的职业教育体系。"将职业学校教育划分为三个等级，分别为初等、中等、高等的职业教育。1996年，中等职业教育迅速发展，招生数达到历史最高点，但高等职业教育发展缓慢，升入高等职业院校的中等职业教育毕业生并没有相对大增。到1997年，国家教委下达了《关于招收应届中等专业学校学生举办高等职业教育的通知》，决定在全国10个省市的高等职业院校试点对口招收中职毕业生，中高等职业教育开始注重层次、生源、专业和课程结构上的衔接。到1998年全国已有22所职业院校举办五年制高职教育。同时，在1998年，教育部颁布了《面向21世纪教育振兴行动计划》，第一次以国家层面政策文件的形式确定了"使初等、中等和高等职业教育与培训相互衔接"的全面衔接模式。由此研究者开始注意到了中高等职业教育衔接。同时这一文件规定了"加快发展高等职业教育的步伐，探索多种招生方法，中等职业学校毕业生中有一定比例（近期3％左右）可进入高等职业学校学习"。中等职业毕业生进入高等职业教育的比率限定虽然为中职毕业生提供了升学保障，但随之也成为优化期中高等职业教育衔接的制度障碍。1999年，我国拉开了高等教育扩招的序幕，高等教育由过去的"精英教育"迈进了"大众化教育"时代，而高等职业教育在这扩招中充当了主要角色。中等职业教育招生规模也随之继续扩大，但中职学生升入高职的比例仍然非常小，中高职衔接面临前所未有的新挑战。

（三）飞跃发展阶段（2000～2004年）

进入21世纪以后，科学技术突飞猛进，社会经济发展与产业结构调整对人才要求越来越高，在人才质量上和数量上都提出了更高要求，特别需要高素质的技能型和应用型人才。但是无论从质量还是数量的角度来看，我国通过传统的职业教育培养出来的人才都无法满足现今社会的要求。而实现中高等职业教育的有机衔接，不仅可以使人才供需矛盾得以解决，而且会对职业教育发展进入多元化阶段起到很好的推动作用。2002年3月，教育部印发《教育部关于进一步办好五年制高等职业教育的几点意见》，标志着我国中高等职业教育一体化办学的衔接模式走向成熟。此阶段开始注重中高职专业设置的衔接。2000年教育部制定《中等职业学校专业目录》（教职成〔2000〕8号），为中等职业教育发展指明道路。2004年10月，教育部颁发了《普通高等学校高职高专教育指导性专业目录（试行）》（教高〔2004〕3号）和《普通高等学校高职高专教育专业设置管理原则意见》（教高〔2004〕4号），明确了高等职业教育的专业设置及其管理原则，使高等职业教育开始适应社会需求，为中高职课程建设指明了方向，使中高职衔接从外延衔接走向了内涵衔接，中高等职业教育衔接得到飞跃式发展期间，中高等职业教育衔接研究还受到广大职教界人士重视，许多职教专家学者纷纷发表相关著作或申报相关课题。我国中高职衔接研究接近高峰，中高等职业教育衔接进一步飞跃发展。

（四）完善阶段（2005年～至今）

2005年，我国颁布的《国务院大力发展职业教育的决定》突出了职业教育的职业属性，提出校企合作，并将其作为职业教育体系的一部分，把新的平台提供给中高等职业教育衔接。《国务院大力发展职业教育的决定》提出：促进职业教育管理体系更加规范化，更好地培养和发展职业院校学生的实践能力和职业技能；进一步加强师资队伍建设；在职业教育的发展过程中依靠行业企业促进自身发展，推动职业院校与企业的密切结合；完善职业资格证书制度；等等。这为我国中高等职业教育衔接提供了各种保障。2007年，我国把对口招生比例提高到了5%。2010年，国务院出台的《国家中长期教育改革和发展规划纲要》

中再次要求搭建终身学习"立交桥",促进各级各类教育纵向衔接、横向沟通,把多次选择的机会提供给个人,使其多样化的学习和发展的需要得到满足。同年,我国又颁布了《中等职业学校专业目录(2010年修订)》(以下简称新《目录》),对原有目录进行修订和完善,使得中高职专业衔接明朗起来。新《目录》增设了"继续学习专业举例",为满足学生升学需要,对应中职的相关专业列出高职相应专业,为学生今后的继续学习与可持续发展提供参考,使中高等职业教育衔接更加具体化、细节化,更具有吸引力和操作性。最重要的是,新《目录》横栏中增添了"对应职业(岗位)""职业资格证书举例""继续学习专业举例"三个栏目,同时考虑到了教育部门、学校、行业企业以及学生和学生家长等多方面的需求,使目录的服务功能明确化。总之,新《目录》明确了专业与产业的关系、专业和职业的关系、教学标准和职业标准的关系、学习目标和发展目标的关系,使专业目录不仅具有传统的功能,而且有助于学生选择就读专业,同时有利于学生对自己的发展方向有一个更加明确的把握。随后教育部出台的《关于推进中等和高等职业教育协调发展的指导意见》以及各个省、市纷纷出台的教育规划纲要等有关政策再次把中高职教育衔接推上一个小高潮,一些省、市更是在衔接的模式、途径、规模上大胆地进行先行先试。

四、我国中高等职业教育衔接的基本原则

现阶段,我国的生产力及地区间的发展水平很不平衡,并且在中高职业教育的发展方面也存在着一些问题。据此,我国在中高等职业教育的衔接方面,必须遵循以下基本原则。

(一)效益最大化原则

对于生产者来说,要以最少的投入获得最大的产出,而对于消费者而言,则要以最少的费用获得最大的满足。这就是所谓的经济学中的追求效益最大化。而在职业教育方面,效益最大化则是指教育供方考虑怎样"以最少的投入获取最大的产出",即以现有教育资源纳入更多的受教育者,使得教育资源利用率和办学效益进一步提高,以此来培养出更多合格且熟练的劳动者和技术人才;教育需方则要考虑以一定的教育投资,争取学到更多有用的知识和技能,在有限的时间内获得最佳的知识能力结构。这一原则的提出主要针对的是我国中高等职业教育方面的问题,即教育的供求双方没有实现效益最大化,且教育供需受到抑制、教育效益低下、教育投入浪费的问题。

想要使这一原则得到贯彻,就要做到以下几点。第一,使高职教育得到发展、

招收中职毕业生的比例进一步增大，以此来使中职教育延续下去，学生的知识技能水平和层次也可以进一步提高，从而使社会对高层次技术人才的需求得到满足；第二，使得中、高职学校之间的联系与沟通进一步加强，逐步形成两个教育层次间联系紧密、资源共享、教学融通的局面。

（二）互惠共赢原则

对于中、高职而言，二者有着相同的办学方向和教学模式，其中，教学模式为"教、学、做"，并且其人才培养目标也是相同的，即培养适合某种岗位的、具有职业能力的技能型人才。但是，二者所属的教育层次还是有所区别的，所以在很多方面也存在着一定的差异，包括具体人才培养规格、培养目标的定位、能力素质标准等方面。推动中高职学校的有效合作进一步加强，力求使中高职学校的优势得以发挥，使中高职教育衔接中的摩擦力不断减少，增添二者衔接的润滑剂，都有利于促进中高职实现有效衔接。

（三）目标对接原则

中、高职在人才培养的目标和规格以及人才的知识和能力结构方面应该互相沟通和衔接。这就是所谓的目标对接。虽然人才培养的目标和规格分别反映了某类教育本质特征的两个方面，即二者是不同的。但是中、高职教育在这两方面却又有很多共性，举个例子来说，两者都具有职业性、实用性、机能性、基层性等特点。该原则的提出主要针对的是确定专业的培养目标和规格以及知识与能力结构等方面的问题，即中高职教育存在一定的断层、不一致，并且缺乏内在衔接。

想要使这一原则得到贯彻，就要做到：第一，要明确中高职教育在人才培养的目标和规格方面存在的共性和不同之处；第二，中职教育应使"双目标性"得以充分体现，也就是为学生奠定扎实的职业技能基础和继续学习的基础，从而帮助其顺利就业和升学；第三，高职教育应该坚持以中职教育为基础，要以学生在中职学校中获得的文化和专业技能水平为依据，在原有基础上制定切实可行的教育目标和计划，使学生的专业理论、专业技术和实践技能水平提高，从而真正实现中高职教育在培养目标上的对接。

（四）学分互认原则

在接受中职教育的过程中，学生取得的职业资格证书和技能等级证书等成果，在高职教育中也得到应有的认可。这就是所谓的学分互认。无论是在终身学习思想的落实方面，还是在中高职教衔接的实现方面，学分互认都是一项重

要的原则，它可以保证个人取得的所有职业教育与培训成果都能得到应有的承认，包括职业资格、技能证书、学业成绩等，并视其为终身学习过程中的新起点，推动学生达到更高一级的职业目标。

为了使这一原则得以贯彻落实，一方面，我国要对职业学校进行改革，将原来的学年制更改为学分制，即用学分的形式表示出一个人学习的数量和质量，并且要求各个职业院校都承认相互间的学分，使学生在跨专业、跨系甚至跨学校选课时的自由不会受到限制；另一方面，相关部门必须加强学分管理，切实做好学分的组成、确定、申请、考核、审核、登记等相关工作。

（五）"有所为有所不为"原则

综观世界高等教育的发展史，高等教育资源所流向的高等教育机构是有共性的。即这些机构都能最大限度地发挥资源效益、提高资源利用效率，并且有较高的知识化、产业化程度。事实上，中高职教育衔接也不是每个学科、每个专业乃至每个方面都要衔接，而要"有所为有所不为"。通过选择，聚集资金发展强项，使强项更强；找准突破方向，走内涵式发展道路，实行集约化管理，办出特色衔接。

五、我国中高职教衔接的内容

（一）培养目标的衔接

要想实现中高职教衔接，首先需要做到的一点是确定恰当的培养目标。明确的培养目标有助于更好地完成衔接工作。虽然在培养目标和培养规格方面，中高职教育有很多共同点，但二者毕竟分属于不同的教育层次和类型，所以它们对于职业能力和素质的要求也是有所不同的。中职教育着重培养中级应用型人才。他们工作于生产、服务、技术和管理的第一线。而高职教育着重培养应用型、管理型和高级技能型人才。其专业理论、技能水平更深更广，并且具有广泛的适应性。所以，与中职教育相比，高职的目标定位会更高一些。这就要求中职教育要充分体现"双目标性"；高职教育则应该在中职教育的基础上制定切实可行的教育目标和计划，使得学生的专业理论和技术以及实践技能水平得到有效提高，推动所培养的专业技术人才层次衔接的实现。目前，我国在中高职阶段推行的"双证制"，要体现出职业资格的阶梯递进，中职教育也定位于初、中级，高职教育则应定位于中、高级。这样就会使高职教学在理论、知识与技能三条主线上都比中职高一个台阶，做到中高职培养目标的有效衔接。

（二）专业设置的衔接

专业设置面的宽窄，不仅会对中、高职学制衔接的对口程度产生直接的影响，而且会对二者衔接通道的宽窄产生一定的影响。可以说，高职教育的专业设置就是中等职教专业设置的纵向延伸和横向拓宽。高职的专业招生强调专业大类的对口。这样有助于学生对于发展机会的选择，也有助于综合专业能力的形成。

要想完成好专业设置的衔接工作，就要做到以下几点。

第一，要使专业设置规范化。目前，各个学校在专业设置方面仍然存在许多问题，包括：缺少相应的宏观分析；在开设专业时，只考虑自身的师资类型和设备条件，不仅造成了就业困难，而且浪费了很多资源；争相开办热门的专业，抢夺生源；等等。要明确在设置专业时应以就业岗位需求为依据，根据生源的不同，促使学校制定出统一的中高职专业目录，并实行严格的专业管理。对于教育行政部门而言，不仅要对专业设置标准和评估标准严格把控，而且要与有关的行业部门、地方组织共同协商，结合本地经济发展对人才需求的规模层次，统一规划，合理布局，使整体结构进一步优化。

第二，要进一步拓宽专业口径，增强毕业生就业的适应性。这也是当前世界教育改革的一个共同趋势。所以，为了实现中高职教育专业的有机衔接，就不能拘泥于以往专业过分细化的局面，而要勇于突破，以行业类别、工作岗位要求为依据重新确定专业名称，减少专业种类，进一步拓宽专业范围。

（三）课程设置和教学内容的衔接

中、高职教育衔接的基点与关键就是课程设置和教学内容的衔接。同时，这也是中高职衔接的重点和难点。因此，中高职在课程设置和教学内容衔接方面的总要求是把市场人才类别需求作为出发点，把能力本位作为指导思想，推动企业界人士积极参与，从而制定出恰当的课程体系，与职业分类、职业资格证书制度、劳动就业制度相适应。具体的工作包括以下几个方面。

首先，要构建模块化课程。以宽基础、活模块原则为指导，打破原有的学科式教学模式，再以培养目标为切入点，对就业岗位进行深入分析，在此基础上将所需要的知识、能力和技能结构确定下来，形成模块化课程。

其次，实行弹性学习制度。弹性学习制度适合中、高职教育培养目标的实现，可以使学生在上岗、转岗和升学深造之间进行自主选择，从而使学生学习和教师教学的主动性和积极性得以充分调动起来。学分制的实行可以使学生按照其规定和要求对组合的模块课程进行选修。学分是得到各个职业学校相互承认的。

在高职阶段，中职毕业生可以根据自身学习和发展的状况，免于修习重复的课程，也可以选修一些基础性课程来使自己的知识结构更加完善。有些学生若修满了规定的学分，则可提前毕业。这一模式构筑出多种成长、成才之路，并将其提供给学生，为终身教育体系奠定了扎实的基础。当然，在实行学分制的过程中，要想真正取得成效就必须要加强教学管理。

（四）学制结构的衔接

对于中高职教的衔接来说，学制结构的衔接是一个重要方面，它从宏观教育制度上反映了中高职教育的相互关系，并且对二者间的承接和转换做出了规定，不仅对中高职各自的目标和任务产生一定的影响，而且会影响其整体的质量和效益。目前，我国中高职学制衔接所采取的主要类型是独立性结构，也就是中高职院校会以自己的学制年限为依据开展教育工作，高职院校在招收中职毕业生时采取的主要手段是升学考试，并且始终坚持择优原则。现在实行的中高职学制主要有 2 年制、3 年制、4 年制这三种形式。这无疑给中高职学制衔接带来一个问题，即不同类型的中职学生需要耗费不同的时间来获得同一学历。因此，国家把相应的法律法规制定出来，使办学机构的各个方面更加规范。

（五）招生制度的衔接

目前，高职院校选拔录取新生的主要手段就是招生考试。这也是中、高职教育衔接的一个重要举措。招生考试制度具有一定的合理性，可以促使中、高职教育更好地衔接起来。对于中职升高职的入学考试来讲，照搬普通高考方式或者普通高中考试办法的做法是不可取的。中高职的衔接同时包含理论知识和专业技术技能两方面的衔接，其中最重要的就是职业领域内的实践经验。因此，在高职的招生考试中，对文化课的考核不应过分偏重。现在，有些高职院校会采取"3+X"方式进行招生考试。这一方式极易将中职教育引向"应试教育"道路，对学生和学校都会产生不利的影响。一方面，对学生而言，为了升学，他们会耗费大量时间去补习高中课程；另一方面，对中职学校而言，为了自身生存，它们会降低专业课和实践技术课的教学和考核标准，使得职教特色难以体现出来，并且与职教办学目标相违背，进而对中高职教的衔接产生不利的影响。

目前，高职招生的规模不断扩大，入学考试对中职的导向作用也随之不断增强。因此，在设计入学考试时，相关人员不仅要考虑这一设计是否有利于高职人才选拔，而且要考虑到这样是否对中职教育的健康发展有所帮助。对于中高职的招生考试制度而言，相关人员需要着重考虑的是，如何能使考试的内容、形式和要求与职业教育发展实际相切合；在保证入学新生具备相应的文化理论基础知识的同时，使中职教育的培养目标充分体现出来，从而促进职业教育健康发展。

（六）教育信息技术化衔接

我国应推进现代化教学手段和方法改革，使得信息化与职业教育实现深度融合。重视数字化专业教学资源的开发与利用，推动学生自主学习管理平台的建立，使得学校管理工作的信息化水平不断提升，真正实现优质教学资源共享，进而使学生的学习空间不断拓展。

六、我国中高等职业教育衔接的特点

（一）机械的"层次衔接"

加强中高等职业教育衔接的目的是使中高等职业教育所培养的人才既在数量上，又在规格质量上适应社会、经济发展的需要，培养技能型操作人才和技术应用型人才。

当前，我国中高等职业教育注重层次上的衔接。中职教育属于中等教育的较高层次（高中层次），以初中毕业生为主要生源，培养技能型操作人才；高职教育属于高等教育范畴（大专层次），主要招收高中毕业生，培养技术应用型人才。这种招生分配方式似乎在层次上做到完美无缺，中、高职教育间也似乎形成了合理的层次衔接。但实际上这种层次衔接是粗糙的、机械的，它全然不顾高职教育对生源的知识结构要求。招收既无专业基础、又被本科院校淘汰的普高毕业生，会使高职教育无法实现高层发展，与中职教育层次脱节。高职教育相对于中等职教育的"高"无法体现，自身的职业性无法体现，所谓的衔接也就是机械的"层次衔接"，是层次上的脱节。

（二）"院校式""弃属性"的衔接

作为中、高等技术技能型人才的培养主体，中职教育和高职教育存在着层次上的连贯性，需要层次上的衔接。但同作为行业、企业及社会培养生产一线的技术技能型人才的职业教育，二者更存在着属性（职业性）上的一致性，更需属性上的对接。

目前，我国中、高职教育"属性衔接"不明晰。不论是"3+2""3+3"制还是五年一贯制，虽然它们实现了中、高职教育一体化，但它们几乎都是关起校门来搞衔接，强调各自学习年限的划分与整合，机械地在中专教育的年限上叠加几年大专教育。大多数中高职院校对待中高职衔接的做法：要么中高职两

个联合院校签订联合办学协议（"3+2"模式），要么高职学院把中职毕业生招进校门就算完事（独立制高职）。联合联办的中高职院校并未就如何与企业挂钩，如何在职业技术技能教学中分工合作，相互间及与企业间各种资源如何共享等方面进行沟通商讨。我国中高等职业教育间的这种衔接只是学校对学院间的衔接，忽视了企业在职业教育体系中的应有地位，起不到真正构筑职业教育体系、促进职业教育发展的作用。这种衔接充其量只是一种"普教式"衔接，一种"院校式"衔接。

进一步说，这种"院校式"衔接实质上偏离了职业教育的本质属性，是一种"弃属性"衔接。我国三年制高职学院大多隶属于本科院校，没有受到院校的重视，却摆脱不了本科院校的影响：受本科院校的办学理念影响，这些高职高专大都对自身定位不明，招收第三批次及剩下的低分普高考生；受本科院校的教学模式影响，重视学术理论教学，无视对学生技术技能的培养，造成其"属性衔接"无法实现。而五年一贯制或"3+2""3+3"制似乎把中高职衔接演绎得不错。但这种衔接仅仅是学年的叠加，普教的延长，是单个教学机构内的"自演自唱"或两个教学机构间的"双簧"。而且，这些高职高专大多从过去的中专升级而来，其办学理念受普教理念影响较大；理论型教师多，双师型教师少；学校设备差；校企合作面窄、内容单一；教学中重文化课，轻实践课，且缺少对实践教学质量的评估与监管机制。这种中高职一体化办学的衔接方式同样偏离了职业教育的本质属性，是一种"弃属性"衔接。

七、我国中高职教衔接的策略

（一）尽快建立和形成标准化课程体系

在中等和高等职业教育的衔接方面，最关键的一点就是二者课程之间的衔接，即后者进行教育教学的起点应该符合前者的教育教学要求。所以，为了实现中高职的有效衔接，实现课程的标准化是十分必要的。

目前，在培养目标、教材选用、专业设置等方面，我国的中高职院校普遍存在着一定的差异。对此，相关部门应该以国家规定的教育培养目标为依据，在广泛听取各行各业意见的同时深入开展相关的调研工作，然后在此基础上由国家、行业和地区统一进行课程标准的制定。制定职业技能标准是实施课程标准化的首要任务。另外，在课程衔接上，应当认清其基础是中职教育，其指导思想是高职教育，然后在此基础上采用递升型或者交叉型方式，凸显高职的主导地位和作用。

（二）完善中高职学制的衔接

中高职衔接中的探索热点就是学制年限。在我国，中高职学制结构及其衔接模式呈现出的主要特点便是多样化。这在很大程度上受到了我国社会生产力和教育自身的发展水平的影响。而这一特点反映出了两方面的内容，一是我国努力探索力求完善职教体系的过程，二是我国的经济和教育事业呈现出一种不平衡的发展趋势。对于学制的衔接，我国不仅要着眼于长远的发展，而且要立足于现实。

现在，在学制结构衔接类型方面，中高职院校往往会采用独立性结构类型。高职院校之所以选用这种类型是因为其具有生源广的优势。但是，对于不同的生源来讲，其差别往往也是很大的。这就导致教学内容出现重复、专业方向出现偏差，从而浪费掉大量的职教资源。而一体化学制结构可以有效地解决上述问题，即可以有效地避免资源浪费、提高办学效益。因此，在中高职学制的衔接上，我国应推动中高职现有的基本学制及其衔接模式进一步规范化，从而使我国职教体系更加完善。

（三）完善教学实施过程

在中高职教育衔接一体化系统中，有很多外控因素都会对系统的运转造成影响，包括学生心理、教材编写、课堂环境等方面。为了有效地开展教育教学，教育人员必须要好好掌握这些条件。

在中高职教育衔接中，要想使教学实施过程进一步完善，就要完善相关的课程设计，然后在此基础上，使学生的主动性、创造性得到充分利用，进而形成更加活跃的教学情景。尤其要让学生多多参与职教中的实践课程，循环往复地体验问题提出、分析到解决的整个过程，从而激发学生学习兴趣，促进其积极思维的发展。

（四）改革招生考试制度

中职学生要想进入高职学习，就必须参加高职招生考试。为了保证中高等职业教育顺利完成衔接，相关部门必须制定出合理的招生考试制度。这一点非常关键。就现在来说，普通高校持续升温，而职业教育则陷入了低迷的困境。究其原因，无非是受到了教育、经济和社会多方面的影响。对于中职的办学方向，高职招生考试起到了明显的干扰作用。为了使这种局面得到扭转，我国必须从多个方面着手解决，具体包括以下几点。

第一，办好中等职业教育。在传统的中职教育中，主要强调为就业做好充足的准备，从而忽视了升学的准备。在教学计划中，中职教育着重培养的是岗位能力，并且在文化基础方面，中专、技校、职高这三类中等职校之间存在着一定的差距且总体来说都是相对薄弱的，而高职教育对于理论知识往往有着较高的要求。所以，要想中高职教更好地衔接起来，就必须对中职教育严加规范，使其文化基础知识教育进一步加强，促使其逐步达到普通高校的水平，同时对文化课、教材进行统一规范，并在此基础上，使中职文化课的统一考试制度得以实行，由此来保证入学学生的理论水平可以达到高职要求的标准。

第二，突出相应职业领域的技术基础考核。把中职教育办成升学教育的做法是完全不可取的。所以为了防止这一情况的出现，我国必须使职业教育的特色充分凸显出来，在高职教育招生考试中，也必须始终坚持理论与实践并重的考核原则，重视相应职业领域的技术基础考核；对于高职院校的学员录取，要确定一定的标准，而其中的重点就是技术基础考试权重的提高；与此同时，要积极发动行业企业，使其参与进来，以推动考核可行性的提高。

第三，针对考试形式进行相应的改革，从而为未来取消高职升学考试奠定基础、做足准备。这样做的主要原因是为了避免中职教育逐渐办成应试教育，推动中职教育水平不断提高。改革现有的考试形式是必须要做的，例如，国外的不用接受考试就可以进入高职的形式就很有借鉴意义。其具体的操作方式是在中职教育的各个阶段，按照一定的标准，将各类考核渗透其中，包括各门文化课、专业基础知识以及实践技能的考核；将现在实行的中职毕业时统一进行升学考试的制度取消掉，以中职阶段累计的各科考试成绩为凭证进行高职的报考；在一定年限内，允许学生多次参加这种开放式的考试。招生院校把中职统考成绩作为主要依据，并在此基础上进行少量的必要测试，然后以此为参考进行录取的方式也是可采用的。总而言之，推动课程更加标准化、成绩评价更加真实化、录取方式更加透明化，并在此基础上，将高职升学考试取消掉，不仅可以使更多的人力、物力和财力得以节省下来，而且可以使新入学生的质量得到有效的保证。

第四，对招生计划进行改革。到目前为止，高职教育主要有三种生源，分别是高中生源、中职生源和初中生源。在上述三种生源中，高职的最佳生源应该是中职生源。他们具备相应的文化基础和职业素质。但是现在中职升学的比例普遍偏低，只有3%～4%。为此，我国必须使中职毕业生升入高职的渠道不断拓宽、各类高职院校的招收比例不断提高；始终坚持把中职毕业生作为高职的生源主体，并明确中职毕业生合格的标准就是高职的"入口"标准。这种举措不仅可以使中职毕业生的报考要求得到满足，而且会对那些有意愿进入高职学习的高中毕业生有所帮助，可以促使其自觉地对相关专业理论和专业技能进行准备，同时对职业教育体系的构建也具有一定的积极作用。

第三节 国外经验及其对我国的启示

一、德国中高等职业教育衔接经验及其对我国的启示

德国的中高等职业教育衔接方式是比较完善的，其主要特点是"双元制"，主要的课程结构的形式是核心阶梯式，而在学校设置方面，用于沟通的桥梁是专科高中、职业高中和专科学校。德国传统的职教模式是学徒培训制度，而后在此基础上逐渐发展，最终形成了一种极具特色的职业教育模式，也就是所谓的"双元制"。这一教育模式是指学生同时拥有学校学生和企业学徒两个身份，受培训者在职业学校中以学生的身份接受专业理论和文化的教育，而在企业中以企业学徒的身份接受相关的实践技能培训，并且这些教育内容都与职业相关。

（一）德国中高等职业教育衔接经验

1. 中高等职业学校间的衔接

德国中职教育的主要承担者是专科高中、职业培训学校、专科学校、职业高中；而高职教育的承担者则是高等专科学校和职业学院。中高等职业学校的衔接可以分为两个方面，具体如下。

①职业培训学校与专科高中、职业高中间的紧密联系。上述二者间的衔接可以分为两种，即直接衔接和间接衔接。前者是指如果德国的职业培训学校毕业生具有中等教育毕业证书，那么他就可以直接升学，进入专科高中或职业高中。后者是指如果学生不具备中等教育毕业证书，那么他可以选择就读职业提高学校，通过这种方式获得相应的资格，从而进入专科高中和职业高中。

②专科高中、职业高中与高等专科学校的紧密联系。在德国，对于专科高中与高等专科学校，二者是直接联系的，且前者是后者的预备学校。而为普通大学输送生源的职业高中则是中职教育和普通教育的沟通桥梁。

2. 专业内容和技能的衔接

这里所说的衔接主要是指职业教育课程的衔接。在德国，理论课和实践课是双元制职业教育中的两种主要的课程形式。前者的编制依据是学校的教学计划纲要，若进行划分则可将其分为两种课程，即普通课和专业课。普通课主要包括三门课程，分别是数、理、化，而专业课由专业理论、专业制图、专业计

算课组成。后者也就是所谓的职业培训课程，作为一份计划纲要，其课程编制就是企业相应的培训条例。这一课程的编排往往是以相关的专家、学者讨论后得到的职业分析结论为依据，具有一定的合理性。德国职业教育界会把同类专业所要求的专业知识和技能、普通课和专业课、理论课和实践课按照一定的标准合理地结合起来，从而使课程设置的复杂性大大减弱，推动专业内容和技能进一步完善和发展。

（二）对我国中高等职业教育衔接的启示

在整个职教界，德国的双元制职业教育模式都具有领先意义，对于各个国家的职业教育发展来说，它都是一个典范，值得借鉴和学习。对于我国完整的职业教育体系的构建，德国的中高等职业教育衔接经验带来了以下几点启示。

1. 明确指导思想

"双元制"职业教育模式注重培养学生相关的技能和实践能力，并且强调学习的实践和技能都是为未来工作做准备的。因此在学生学习期间，学习的各个方面都有极强的实践性、实用性、岗位性、技能性等特征表现出来，包括理论学习和实践训练的时间分配、培训的运行机制和考试方式等方面。这一思想具有很好的借鉴意义，它为相关教育奠定了坚实的基础，是值得我们学习的。

2. 设置"中间学校"

①"中间学校"的具体形式。相关部门对我国职业教育的现状进行分析后，可以以此为基础，设立一种"中间学校"。这种"中间学校"不仅可以招收普高和中职的毕业生，而且可以招收已获得中等职业教育证书的在职人员。这种学校可采取全日制或部分时间制，把多种课程提供给学生，并为普高毕业生和中职毕业生提供不同的培训和课程，让前者进行职业补习，让后者学习普通知识。学校实行学分制，以使得选修课的比重进一步加大。只有修满学分的学生才可以毕业，并获得相应的资格进入高职院校学习，而那些考试没有通过的人可直接就业。同时，可以把部分时间制课程提供给"中间学校"招入的在职人员。

②"中间学校"的积极作用。一是对生源和培养目标衔接方面的问题进行合理的解决。普高生、在职人员和中职生的规格往往存在差异，针对此类人群可通过"中间学校"的补习弥补其不足之处，进而使我国高职院校生源的质量问题得到解决。为了使培养目标的错位问题得以顺利解决、避免出现教育重复的问题，"中间学校"会开设相关的针对性选修课。比如，在德国，专科高中就会采用针对性教学，来推动学生顺利进入高等专科学校。二是使中高职教育

和普职教育实现直接沟通。"中间学校"的设立将会为学生带来许多优势，不仅可以通过补习使普高生升入高职院校得以继续深造，而且那些文化知识基础不错的中职毕业生和在职在岗人员还可以借此直接升入普通大学。这样就有效推动了普教和职教之间的沟通。

二、美国中高等职业教育衔接经验及其对我国的启示

（一）美国中高等职业教育衔接模式

美国教育体系发达，高等职业教育办学形式多样，中高等职业教育学制上衔接的矛盾并不突出。对于美国的高中毕业生而言，他们想进入社区学院等高等职业教育机构进行学习，一般都不需要参加考试。如果有人愿意接受高等职业教育，那么这些教育机构将十分愿意接纳这些人，并为其提供高等职业教育的机会，实现了基于培养目标、专业和课程的内在衔接。

1. 以"技术准备计划"为基础的课程衔接模式

"技术准备计划"是一个中高等职业教育的衔接项目，它将学分制作为自身的基础。高中阶段学校与以社区学院为主的高中后教育机构签订了衔接协议，经过双方教师的共同协商后，使两个阶段的教育内容和教学目标确定下来。如果一个学生参加了这一项目，那么他就可以在学院深入学习相关的技术或专业课程。"技术准备计划"的实施不仅整合了高中和高中后职业教育，也保证了中高等职业教育课程间的对话，减少了课程重复，强化了中高等职业教育间的内在衔接，提高了中高等职业教育衔接的效率和质量。

2. 基于职业群的中高等职业教育一体化培养模式

人们以培养学生的职业意识为目的，将职业按照其宽泛的共同特征进行分组，将多种性质相近的职业归纳成一组或一群，即职业群，以促使学生开始职业导向和职业探索。一般情况下，学生从 9 年级开始就已经决定好了自己的职业群，在对相关的课程进行学习后，通过相应的考核评估，使自己在该领域的等级不断提高，进而实现学生知识和技能的累积及资格证书等级的提升，最终学生可以获得副学士学位（甚至学士学位）或者是行业承认的证书，并寻求到适合个人发展的职业生涯。

（二）美国中高等职业教育衔接的特点

美国的职业教育体系具有完整性。完整性在各个层次的职业教育的相互衔接上得以体现。如今，明显的初等职业教育已不复存在，但是这一类教育已渗

透于中等教育之前的普通教育中。在美国的中高职教育中存在着最为完善的衔接。并且通过研究可以发现，美国中高等职业教育衔接有如下几个特点。

1. 中高等职业教育衔接的法律保障体系

通过研究分析可以知道，美国中高等职业教育的衔接相对通畅。究其主要原因，不仅包括美国联邦政府对职业教育的高度重视，而且还有长久以来建立起的相关保障体系与政策的支持。其中最重要的实践活动就是制定了一系列使中高等职业教育衔接得到保障的相关的法律政策。同时，在职业教师的培养上，美国采取了一种适用于中、高职教育领域的师资选拔模式，能够有效地保障大学中已获取教师资格的以及社会上有一技之长的人都能在经过相关培训后取得职业教师资格，从而使职教师资的稳定性和充足度得以保障。此外，会以贷款或奖学金的形式，把相应的助学援助提供给经济困难的学生，从而最大限度地保证那些想学但经济条件欠缺的学生能够顺利地完成相应的学业。

2. 职业教育与普通教育的沟通

在美国中高等职业教育衔接中，处于中等职业教育阶段的综合高中是最能体现职教与普教沟通的地方了。当然，首先，这在很大程度上与美国社会充斥的教育民主思想相关。虽然有部分学者针对这一现象提出了一个说法，即对于美国教育分轨制现象，美国的综合高中是对它的改造，而并非根本否定。可以说，综合高中的本质是"以校内分轨替代了校际分轨"，同时其优点则在于使学校的标签效应淡化，对学生进行职业探索起到很好的推动作用，而其缺点也是很明显的，即使得教育质量降低，学术课和职业课间的平衡难以维持。其次，在职业集群课程中，通过相关的职业计划使得职业教育的思想逐步渗透到从小学到大学的各个层次中去。对于学生而言，无论其身处哪个阶段，其都要面对关于就业的相关职业选择与职业指导。这促使学生在接受普通学术教育的同时，能够有一个过渡期来对自己的职业生涯进行谋划。

3. 补习教育在中高等职业教育中的渗透

补习教育也是美国中高等职业教育衔接中的一个特色。具体来讲，就是在高等职业学校招生时，采取分班考试的方法，对学生目前的真实水平进行测试，从而得到一个关于学生欠缺的理论知识的评价。通过补习教育，学生可以针对自己所欠缺的理论知识进行补习，以保证可以跟上入学后的相关的课程学习，避免因入学前学习不足使得现在压力过大的现象发生。而且通过补习教育，学生可以有机会对以前的教育内容进行再次学习。

4. 中高等职业教育课程的相互衔接

在美国中高等职业教育中，有"职业集群"的存在。而这一存在使得每一个职业从中等学校到高等职业学校都根据其在职业集群中包含的职业计划对相关的职业课程进行设定。如此一来，在课程衔接方面，通过统一两个水平层次的职业课程，可以有效地避免课程内容重复。而这种将课程进行模块化处理的方式，也有助于职业课程从开发到实施的整个阶段都具有可操作性，从而更好地实现课程的衔接。此外，美国在职业教育方面始终坚持终身教育的思想，所以一般来说，学生从小学阶段就开始去了解自己感兴趣的职业，直到完成这一职业所需的高等职业教育阶段。

5. 高等职业教育中的补习教育

在美国的教育界中，学者们对高等职业教育中的补习教育的争论从未停止。有些人认为补习教育有利于提高学生的学习效率；也有人认为补习课程的经济价值很小。虽然如此，但是开展补习教育还是有一定积极意义的。这不仅可以推动进入高职院校的新生的知识储备水平进一步提高，而且对于新生顺利地完成既定的教学计划也具有一定的促进作用。

（三）对我国的启示与借鉴意义

1. 增加高等职业学校学生的财政援助

在美国，高等职业学校主要依靠贷款和奖学金的形式实现对学生的助学援助。通过对前文的分析，我们可以知道国家助学援助贷款和各州政府的奖学金都有金额较大、可申请比例较高的特点。这有效地减轻了就读于高职院校的学生的生活压力，保证其拥有一个稳定的学习过程，侧面反映了为了使中、高职教育衔接有所保障，美国在助学援助方面采取了实际的措施，以此来帮助那些经济条件差的学生。这些都具有很好的借鉴意义，值得我们学习。我国现阶段的经济实力与美国相比仍存在着一定的差距。这就使得我国很难做到大幅提高助学力度，但随着经济的快速发展，我国将可以逐步做到为经济困难的高职就读学生提供必要的援助。

2. 制定适宜的课程体系

上文提到的美国的职业集群有一个最大的优势，那就是可以通过职业集群并以设计生产中所需要的知识和技能为指导对相关的职业课程进行设计，而且通过集群，可以使受教育者从小学时就开始认识相关职业和工作的分工，贯穿一生。虽然到目前为止，我国在职业教育课程体系方面已经有了不少的研究成

果，但是其中的绝大多数都是以某个学校得到的改革成果为基础而做出的成果汇总。华东师大的徐国庆教授一直强调要以工作体系为指导进行职业课程的改革，使得相应的项目课程开发出来。所以，我国应该学习和借鉴美国的职业集群和集群课程，开发出适合我国实际情况的职业课程体系。

3. 职业教育终身化

20 世纪 90 年代，美国职业教育改革发展的主导思想是"从学校到工作"（STW）。自世纪之交以来，这一主导思想逐渐被"从学校到生涯"（STC）所取代。与此相应的是，"职业教育"的概念正在被"生涯教育"和"技术教育"所取代。自世纪之交以来，美国职业教育就始终坚持终身学习的理念，以适应不断变化的环境、技术、技能。美国选择了以下做法：①促使普通教育进一步加强，从而促使学生学会学习，获得持续学习的能力；②在制定职业技能标准时，要面向"职业群"，同时职业技术教育与培训要建立在较为宽泛的职业基础上，然后让学生接受相关的教育和培训；③在工作过程中，人们也要不间断地学习和接受技能更新培训，进而使与工作、技能变化相关的适应能力得到培养和发展，并将这一能力建立在更加坚固的学术学习基础上。

第五章　我国职业教育人才培养模式

职业教育是我国高等教育的重要类型之一，目前我国职业教育人才培养模式的发展仍然不能满足高速发展的社会经济的需要，不能满足社会对高层次创新型、技能型人才的需求。

第一节　我国职业教育人才培养模式现状

高等职业教育 30 年来有了很大的发展，尤其是近 10 年间经历了跨越式的发展，在数量和规模上已占据高等教育的半壁江山；在办学机制体制创新、人才培养模式改革等方面也取得了显著成绩。与此同时，高等职业教育作为我国职业教育体系的重要组成部分，近年来已得到社会各界前所未有的重视与支持，社会吸引力正在不断增强。

一、"人才培养模式"概念

关于"人才培养模式"这个概念，很多学者都对其下过定义，出现了百花齐放、百家争鸣的局面。基于不同的角度，不同的视野，有不同的概念。

①"人才培养模式"的概念最早出现于 1983 年的一篇文章《改革人才培养模式，按学科设置专业》，是针对当时如何改革高等工程教育的人才培养模式提出的。

②经过十年的积极研究探索，1993 年又有学者提出：人才培养模式是在一定办学条件下，为实现一定的教育目标而选择或构思的教育教学样式。

③随着人们对人才培养模式的关注和意识的增强，1998 年教育部下发了专门的文件，指出"人才培养模式是学校为学生构建的知识、能力、素质结构，以及实现这种结构的方式，它从根本上规定了人才特征并集中地体现了教育思想和教育观念"。

④现在国内大多数学者认为：人才培养模式是指在一定的现代教育思想和教育理论指导下，围绕专业人才培养目标和所面向岗位（群）的任职要求，以相对稳定的课程体系、管理制度和评估方式，实施人才培养的过程总和。

二、"工学结合"人才培养模式

"工学结合"是高职教育人才培养模式的显著特征，也是高职教育的核心理念。而如何落实"工学结合"的人才培养模式，由于各高职院校的实际情况不同，整合社会资源能力不同，各专业特点不同，不同的专业所面对的行业和企业背景不同，"工学结合"人才培养模式实施的途径和资源也不同，导致基于工学结合理念的高职教育又有不同的具体人才培养模式。国内1297所高等职业院校（2012年统计数据），在人才培养模式表述上千差万别。据相关调查资料显示，国家级和省级示范性高职院校特色专业（群）和重点专业（群）都在积极探索、不断创新人才培养模式，建立了符合校情、适合专业（群）的具体人才培养模式。示范性的高职院校引领高职教育走特色内涵式发展道路。而部分非示范高职院校尚未形成切合自身发展需要的人才培养模式，只有部分或个别专业（群）有具体的人才培养模式。高等职业院校人才培养模式是学校和用人单位根据教育目的确立人才培养目标、优化培养过程、建立质量保障体系的定型化实践模式。

无论是部分国家示范性高职院校，还是其他院校具体的市场营销专业，对"工学结合"人才培养模式的理解可谓仁者见仁，智者见智。但主要是以"工学结合"以及基于"工学结合"而衍生出的如"工学交替""订单式"人才培养模式为主流。而"双证书""课证融合模式""能力本位""校中厂、厂中校""校企合作""教学做一体化""学做合一"等人才培养模式，同样也是从不同角度、不同层面基于"工学结合"衍生出的人才培养模式。不可否认的是，现阶段部分高职院校对办学理念、办学模式、人才培养模式和教学模式的概念不是很清晰，至少在表述上有时混用。

三、我国职业教育人才培养模式存在的问题

（一）办学内涵建设与高职教育本质要求存在差距

教育的本质属性是由其培养人才性质决定的，本质上是由不同社会需求决定的。人们普遍认为，高职教育主要培养技能型人才，其教育本质属性应体现出职业性和应用性。因此，高等职业教育人才培养本质属性应通过构建"工学

结合"人才培养模式体现。而构建"工学结合"人才培养模式需要搭建校企合作平台，构建"能力本位"的一体化课程体系，实施体现"工学结合"要求的教学模式改革，组建具备"工学结合"教学实施能力的教学团队和建设，具备"工学结合"功能的实践性教学基地等。

现阶段，部分高职院校因顶层设计缺乏，配套措施不够，加之办学条件、制度建设、教学团队等方面建设相对滞后，人才培养呈现出学科化教学倾向，高职教学呈现本科化模式。重理论教学，轻实践实训；重校内理论教学，轻校外实践教育；重理论知识传授，轻职业能力培养，职业氛围不浓。这样培养出来的学生动手能力差、实践能力不强。甚至出现在对学生职业素养、岗位能力和职业能力的培养方面都有弱化现象。体现"工学结合"的校企合作在形式上轰轰烈烈，在内涵建设上步伐迟缓。校企共同开展专业建设，教师进企业挂职锻炼和为企业提供服务，学生到企业顶岗实习或就业，企业能工巧匠进课堂为学生开展实践教学，企业案例进教材（讲义）或联合开发教材等能反映职业教育本质的"工学结合"人才培养模式在内涵建设上都有较大差距。

（二）人才培养与市场需求脱节

目前高职院校人才培养与社会需求脱节，即学校培养的毕业生与行业、企业对人才的需求存在较大的差距。导致这种人才供需矛盾的原因主要有两点。

①"校企合作，工学结合"的人才培养模式未落到实处。由于受条件所限，部分高职院校未能切实贯彻"以服务为宗旨、以就业为导向"的办学理念，人才培养与企业需求尚未实现无缝对接。部分高职院校（特别是那些非主打专业）仍停留在传统的教育和教学层面，导致培养出来的人才同质化，适应市场的能力差，无法满足市场对人才的差异化、个性化需求。

②开设的专业未能根据社会需求、行业需求、企业需求及时进行调整，反应迟缓。其结果是，一方面，部分高职院校培养的学生无法找到合适工作岗位，另一方面，社会对急需的人才又很难找到，造成高职院校培养的人才和社会对人才的需求出现脱节。

（三）校企合作办学模式不够深入

"校企合作，工学结合"是一种以社会需求为导向，利用学校和企业两种不同的教育环境和教学资源，校企共同参与人才培养过程的办学模式。企业是高等职业教育的直接受益者，但企业往往基于成本等因素考虑，主动参与高校人才培养的动力不足，加之部分高职院校主动适应市场意识不强，校企间合作更多的只是停留在协议层面上。虽然校企之间签了不少合作协议，但合作内容不实，宽度不够，力度不强，顶岗实习、毕业实习单位少且合作关系不稳定。

（四）师资队伍建设滞后于专业发展

加强师资队伍建设是高职院校内涵建设的首要任务，也是提高高职院校专业人才培养质量的关键。现阶段多数高职院校师资队伍建设滞后于专业发展。

校内"双师型"师资队伍建设滞后于专业发展。越来越多的高职院校专业教学团队呈现年轻化趋势。年轻教师往往没有实战经验，相当一部分从事专业教学的年轻教师的经历是"大学毕业到高职讲堂"；上课内容偏重理论；专业课程讲不透，说不清，也道不明。部分高职教师甚至弄不清高职教育属性、办学理念、办学模式；弄不清专业的培养目标和培养模式；弄不清课程的教学模式、教学手段、教学方法、教学内容设计；等等。既掌握专业理论知识，又具有丰富的从事本专业实际工作经历和经验的"双师型"教学团队整体力量不足。

企业兼职教师得不到保障。教育部明确指出"兼职教师数占专业课与实践指导教师合计数之比达10%"方能达到"合格"指标等级的标准。因此企业兼职教师是高职院校教师队伍中的一个重要组成部分，也是实现人才培养目标的有力保障。目前高职院校企业兼职教师的聘任与管理中存在数量不足、选聘与使用制度不健全、缺少对企业兼职教师的教学培训等问题。此外，部分高职院校受经费或兼职教师用人单位的限制，导致兼职教师队伍数量不足，来源也较单一。

（五）实习实训环节薄弱

高职院校人才培养模式改革的重点是教学过程的实践性、开放性和职业性，实验、实习、实训是三个关键环节。因此校内的实验、实训和校外实习，是把工学结合的人才培养模式落到实处的重要保障。由于工学结合人才培养模式的实施条件相对短缺，相当一部分高职院校现有的人才培养模式仅停留在"工学结合"的表象上，未真正体现出"工学结合"的人才培养模式的要求，更谈不上创新构建具体的人才培养模式。其中，校内外实习实训没有落到实处是主要原因之一。现状是很多高职院校专业实践教学条件尚不完善，校内外实训、实习大多流于形式，专业教学仍然停留在理论教学层面，导致学生实践机会少，动手能力差。

校内实训投入不足。由于高职院校办学经费来源相对单一，经费不足，加之多数高职院校近几年不断扩招，学校有限的资源主要用于教学楼和学生宿舍楼的建设，很多高职院校目前债务较重，苦不堪言，对实习实训投入较少。而且各校实训室建设发展不平衡，共享性差。部分高职院校非主打专业的校内实习实训室（基地）几乎为零，导致高职院校"工学结合"的人才培养模式的落实大打折扣，甚至无法实施。

校外实践教学基地数量少。校外实习实训基地是高职院校专业人才培养进行实践教学的重要载体，是提高教学质量和提高学生实践能力的根本保证，是学生在校期间接触社会、了解行业、认识企业的重要平台，也是校企合作、产教融合的基础。随着高职院校招生规模的不断扩大和企业类型及结构形式的变化，校外实习实训基地建设面临着一些困难。我国不少高职院校未设立与企业沟通交流的专门机构，主要靠专业带头人和专业教师的社会关系联系临时的实习、实训单位，校外实践教学基地少，不能形成长期稳定的校企合作关系，更谈不上产教融合。

第二节　国外高职教育人才培养模式的特征及对我国的启示

一、国外高职教育人才培养模式的特征

发达国家高职教育产学结合人才培养的成就有目共睹，其人才培养模式的特征主要包括以下几点。

（一）产学结合的法律保障

发达国家高职教育普遍重视产学结合，在学校的教育中也把产学结合贯穿到高职教育的全过程。发达国家也普遍重视法律的保障。高职教育人才培养模式也被列入相关的法律，使得产学结合的人才培养模式有了法律的保护，法制的保障，推进了教育的健康稳定发展。

我们都知道日本是很重视教育的国家之一，也是最早以法律法规的形式参与教育的国家。日本的高职教育有一套完整的法律法规保障制度。官方主导着高职院校的教育理念和教育模式，并且一直在不断地完善这方面的制度。

德国是发展职业技术教育比较早的国家，也通过了一系列的法律法规，重视"双元制"的教育，规范产学结合的人才培养模式。

作为发达国家代表的美国也在 1962 年明确提出了职业教育的方向——产学结合和校企合作是高职教育人才培养的主要教育模式。克林顿在担任美国总统期间，提出了高职教育产学结合的人才培养模式，还把校企合作作为这一模式的根本原则，积极促进社会各行业企业高度重视高职院校的教育事业，与高校进行深层次的校企合作，通过了多部法律法规，切实保障高职教育。

（二）全社会的关注

1.政府的支持

许多发达国家都特别重视和支持高职院校的教育工作，也通过实际行动来支持教育事业的发展，为高职教育创造良好的社会条件，积极促进高职院校人才的培养。

发达国家的政府从国家的层面，积极制定专门的教育法规，引导高职教育的产学结合和校企合作人才培养模式。各国都大力提倡高职院校与自己学校专业相关的企业合作，采取法律手段让企业参与到学校的教育中，承担一定的教育经费，让学生可以到企业中接受锻炼，促进社会产业的振兴，提高学生的创新创业能力。

国外高职教育人才培养还有专门的政府机构管理高职教育的具体工作，创办了协调员制度，促使学校、企业和政府之间的相互协调，促使企业积极参与职业教育。企业与高职院校的有效联系，从而促进高职院校产学结合教育模式的顺利进行。

2.企业的重视

发达国家的企业就非常重视与学校的合作，与学校共同促进了高职教育的发展。

①企业会根据自身发展的需要，向相关的高职院校进行投资，向学生提供奖学金。同时高职院校也会按照企业的要求培养企业需要的专业人才。企业和学校也会签订合作契约。这样就提高了学生的就业机会。学生毕业后可以选择去这些企业工作。

②企业和学校的密切合作也促使企业会积极参与到高职院校的教育教学工作中，参与到高职院校的教育培养人才的目标、学校专业的选择和课程的设置等的教学管理中，从而使高职院校的教育能适应社会发展和产业发展的需要，使得人才培养有了明确的目标。

③企业在不断发展壮大的过程中，所需要的专业技术人员的能力也要不断提高。校企合作可以让企业的员工有机会进入高职院校学习深造，提高员工的综合素质和知识水平，最终也会促进企业的高速发展。

（三）实践教学课程的开展

高职教育的人才培养是国际化趋势。世界各国都很重视高职教育的实践教学，坚持产学结合的教育模式，改革现有的专业课程以适应社会的发展，向综合化专业技能的课程合并，重视培养学生的职业技能和综合素质。例如，德国将12种工业电子专业的职业培训，伴随着社会发展的需要和学生职业能力的提高，合并成为4种专业的职业培训；职业资格的认定也从原来的600个缩减到现在的377个。其他国家如瑞典和意大利，也都将职业资格的种类进行了适当的缩减，以适应知识经济时代和信息高速发展的需求。

发达国家高职教育的课程设置是以职业技能与社会需要相结合，注重实践教学的专业人才培养模式为依据的。学校安排的专业课程都注重学生职业技能的训练，围绕职业技能开展知识的讲授，使学生在学校学习的过程中，既能学习基本的专业理论知识，又能掌握专业技能和实践操作，能够满足学生就业的不同需要。

贯穿产学结合的独特的教学方法，是国外高职人才培养模式的显著特征。国外许多高职院校都有专门的顾问委员会，以保证课程目标的顺利实施。国外高职教育课程的完整性是面向社会经济发展的需求的，可以保障学生就业需要得到满足。如加拿大培养高职人才的社区学院与当地的企业一般都有协作关系，使得高职教育教学和社会的现场教学有机地结合起来，使学生掌握了必要的职业技能，做好了充足的就业准备，得到了就业锻炼。学校也可以根据学生的反馈信息和社会的需要不断地更新教育教学的内容，提高高职院校学生的综合素质和能力，从而提高了整个社会的人才培养质量，提高了企业的经济效益，也增强了竞争力。

（四）专兼职师资队伍建设

激烈的国际竞争要求高职院校师资要有高度的适应性。高职教育是面向世界、面向未来的教育，必将面临国际范围内的激烈竞争。高职教育作为高等教育的重要组成部分，由于其培养人才的特殊性，更需要面向世界、面向未来、面向科技发展。高职院校教师作为高职教育的实施主体，必须迎接新的挑战。这就要求高职院校师资除了要具有一般的知识能力结构外，还应有在科学发展前沿的国际竞争环境中保持高度适应性的能力。高职院校师资队伍建设现在正处于这个关键时期。这些外部条件在为高职教育带来新的发展契机的同时，也带来某种挑战。

①发达国家的高职院校从事高职教育的专职教师，不仅要有政府颁发的教师资格证书，还要有从事职业教育的实践经验，掌握职业教学的基本理论。

②国外高职院校的兼职教师队伍建设也是非常重要的。这些兼职教师大部分都是来自企业的工程师和技术师傅，在教授学生专业的知识的同时，把企业

生产和经营中的问题、企业管理中遇到的问题及生产中的技术问题融合到知识的课堂教授中。理论联系实际的教学模式也是最受学生欢迎的。学校也可以根据教学课程的需要，及时调整和聘请兼职教师，提高了高职教育的质量。

③发达国家的高职院校的教师待遇丰厚，有着优越的社会地位。日本的高职教育整体水平高、效益好。高职教师有着优厚的待遇，有着稳定、高素质的师资队伍。例如，日本的高职院校的教师报酬比一般的公务员高25％左右，工资也随着教课的年数增加；学校会持续延期聘请一些教学质量高的教师，降低高水平教师的流动性；学校也会鼓励有发展潜质但学历不高的教师进修，提高教师本身的知识水平。

（五）完备的人事保障机制

国外的职业教育发展都有一套完备的人事保障机制，对于高职院校、企业的产学结合和校企合作人才培养模式有着一定的约束力。许多国家都推行职业资格制度。只有取得了这个资格证书的人，才能顺利取得就业资格和就业岗位，在就业市场上才具有竞争力。如德国为了适应科学技术的发展，很早就确立了职业教育评估标准并不断地更新内容，以更好地适应高职院校人才培养模式不断的发展变化。

二、国外高职教育人才培养模式对我国的启示

（一）推动社会经济和科学技术的发展进步

高职院校人才培养模式的发展，是当今以信息技术为代表的知识经济和全球经济一体化时代的必然要求。各国家之间、各省市之间以及各企事业单位之间的竞争已经转变为高素质的创新型人才之间的竞争。这就要求我们每个人都要不断地学习以适应高速发展的经济的需要。为社会培养有理论基础的高层次的职业技术人才，是高职教育的艰巨的任务。

世界各国的传统高等教育的学制比较长，学校的专业结构也比较单一，培养的都是注重学术和科研的人才。所有这些都不能适应高速发展的科学技术的发展需要。高职教育也是在这样的背景下迅速发展起来的，高职教育是促进社会经济发展和科学技术进步的重要教育力量，也是实现大众化职业水平提高的重要支柱。

由此可见，推动高职院校和高职教育事业发展的根本做法是推动社会经济的快速发展和科学技术的不断进步。

（二）注重课程教学体系的灵活性和职业功能性

教学体系的灵活性主要体现在课程设置上。国外大部分的高职院校的课程内容广泛，可以使学生学习基本的理论知识，培养学生基本的职业技能和专业能力，注重学生综合素质的全面提升。学生在选择选修课程的时候，也有很大的自主权。

高职院校职业功能性教育主要体现在学校课程内容方面。学校应以社会的需要为教学内容的基础，以职业对技能和知识的实际需求为课程内容的依据，重视课程的职业功能性。许多国家广泛实施"通专多能"人才的培养模式，能使学生更好地适应市场和就业的变化，满足不同岗位的职业要求。高职院校要特别注重课程教学体系的灵活性和职业功能性。这是市场经济条件下高职教育和高职人才培养模式实现可持续发展的重要保证。

（三）注重高职课程设置的针对性和实效性

发达国家的职业教育与课程的设置和实施有着非常明确的目的。高职教育的过程中始终贯穿着理论与实践相结合的教学模式。独特的以"能力为本位"的教学方法实用性强。这些都是国外职业教育人才培养模式给我们的启示。由此可见，我国在高职教育课程体系实施过程中，必须注重高职课程设置的针对性和实效性，以突出高职教育发展的基本特色。

（四）开展多样化的合作办学形式

发达国家高等职业技术教育开展了多样化的合作办学形式，使社会人力、物力、财力和实践场所方面的资源得到共享，使拥有物力、财力和实践场所的企业得到人才方面的资源，与此同时，从事教学和科研工作的高职院校也共享到了企业的资源，从而使学校的应用性科研成果投入到现实的应用中，实现了科技的价值。

总之，高职院校产、学必须有效结合起来，相辅相成，高职教育和高职人才培养才能得到长远的可持续发展。在我国高等职业技术教育的发展过程中，高职院校必须注重多样化的产学结合形式，实现企业与高职院校的全方位合作，实现企业与高职院校的共同发展，促进人才培养模式的不断完善和高职人才培养质量的不断提升。

（五）实现办学层次适度高移

从发达国家职业技术教育发展来看，高职院校的教育层次不断延伸。这是完善职业教育人才培养模式的必然要求，也是完善人才的合理结构、保证社会经济正常运行的发展的合理途径。国外的职业教育从中等职业教育发展到大学专科教育，又从专科教育发展到了大学本科教育，实现了职业教育的高移历程。

相对于国外的职业教育，我国的职业教育也有将近 30 多年的历史了。在我国的一些经济发达的地区，主导和支柱产业是高新技术企业。随着科技的发展和产业结构的调整，具有高层次职业技能、综合素质的高技术应用型人才，是这些地区急需的人才。只有专科层次和大专以上学历的人才显然不能满足社会的需要，所以有必要逐步将经济发达地区中的某些中心城市的高等职业技术院校的专科层次提高到本科层次，某些专业甚至要逐步提高到硕士和博士层次。这样各个层次学历的人才才能满足这些发达地区社会经济稳定发展的需要。

总之，实现高职院校办学层次的适度高移，是社会经济和科技进步对高职教育及其人才培养模式的客观要求，也是我国高职院校实现可持续发展的必要要求和重要保障。

第三节　我国职业教育人才培养模式的类型

一、市场导向型的职业教育人才培养模式

市场导向型的职业教育人才培养模式，是指职业院校把就业市场作为人才培养的目标，在教育的过程中坚持以就业市场的需求为导向，对学生进行创新创业教育，把提高学生的就业作为人才培养的核心，充分整合社会教育资源，吸引职业院校的学生生源，实现职业教育的持续发展的一种范式。

（一）劳动力市场需求导向的职业教育

衡量一个职业院校教育成功与否的关键之一，就是看学生的职业发展前景和就业情况。而社会劳动力市场的需求，是职业教育发展的绝对性导向，是职业教育生存发展的根本需求。职业教育要随着科学技术的进步、劳动力市场的需求和企业技术结构的不断升级，培养高素质的专业人才，以市场需求为导向，开设有发展潜力的专业和课程，拓宽专业教育的领域。

（二）市场导向型职业教育的流程

过去的职业院校都是以学校专业为中心，具有固定的教学计划。学生只能机械的选择自己喜欢的专业和学校。学生在校的学习和毕业后的就业，基本上只能靠自己了。而市场导向型的高职院校开始积极探索，深化学校内部改革，以市场的需求为导向，提高教育质量，增强学校的竞争力。

①面向就业市场调整专业设置，拓宽学生的就业渠道。职业院校的课程设置要根据市场的需要做出调整，开设市场前景好的专业。专业设置随着市场走，学生学起来也有积极性，从而能够适应将来的就业形势。

②改革课程结构，注重实践教学，选择适时的教材。在实施大学生素质教育的要求下，职业院校应不断建立和完善以全面提高学生素质和能力为目标的课程体系；重视加强对学生的实践教学，鼓励学生在校学习期间获取相关的培训证书和职业资格证书，提高学生的职业技能，充分体现市场导向的应用型和实用型人才的培养，使学生能够树立健康的职业理想，构建良好的职业发展规划。

（三）市场导向型的职业教育人才培养模式的实施策略

以市场为导向的职业教育人才培养模式的实施策略有如下几种。

1. 灵活设置专业

市场导向型职业教育人才培养模式，注重专业设置的实用性和前瞻性。职业院校根据社会经济的发展和企业的用人需求，开展对应的专业教育，敢于对就业难的老专业进行彻底改革，开设具有前瞻性的学科专业，制定相应的教学计划和教学大纲，立足把握现状和预测未来科学的发展趋势。实行弹性学分制，推出更多灵活开放的自主选择的专业学习，调动学生专业学习的积极性。

2. 调整培训岗位

随着世界经济一体化的发展，市场经济环境越来越复杂多变，新型产业、高科技产业和智能化产业不断涌现，使得产业结构也处于不断调整和变化之中，人们的生活观念和职业观念也在发生变化。市场导向型职业教育人才培养模式要求开展多种形式的岗位培训，根据企业和社会需要开展技术培训，让学生结合自身的特点，选择适合自己的岗位。

3. 发展非学历教育

高职院校应充分利用自身与生产实践联系紧密、以职业岗位分析为基础形成的模块化课程、长期稳定的职业基础课程体系及职业技术的培训管理经验的独特优势，发挥其在非学历教育中的独特作用，使学生充分认识到终身教育和非学历教育的重要性，开放办学，开辟学校和企业、科研院所、国际院校合作的道路。

4. 开拓社区教育市场

我国的社区教育起步于 20 世纪 80 年代初期，是综合学校教育、家庭教育和社会教育为一体的教育活动。我国于 20 世纪 90 年代开展了上海市和天津市等城市的社区教育试点。社区教育作为一个全新的教育增长点，也构成了终身教育的体系之一。市场导向型的职业教育人才培养模式把职业技术的科技、卫生、法律等多方面的知识带进社区，满足人们各种各样的教育需求，旨在解决我国城市人口老龄化、不合理的城市布局、严峻的人类生存环境、人际关系的淡化等一系列社会问题。

二、基于能力本位的职业教育人才培养模式

基于能力本位的职业教育人才培养模式，是指职业院校培养学生将来就业从事的职业所需要的各种能力的一种范式。它要求从分析职业所具备的能力出发来确定人才培养的目标，开设教学专业课程，设计基于能力本位的人才培养模式的教学方法，最后评估教学效果。

（一）基于能力本位的职业教育人才培养模式的发展

基于能力本位的职业教育人才培养模式注重知识与理论的教授，重视学生的实际操作能力的培养。我国在 20 世纪 90 年代初期提出了基于能力本位的教育的思想，并开办了教学试点。

基于能力本位的职业教育要培养人才的应用能力、动手能力和创新能力，提高学生的综合素质，突出学生个性发展，培养学生收集、选择、规划和运用信息和知识的能力，培养学生发现问题、解决问题的能力，培养学生的创新创业能力和就业能力。

在基于能力本位的职业教育人才培养模式中，职业教育要处理好以下几层主要的关系。

①正确处理能力与知识、素质的关系。知识是基础；素质是人所形成的稳定的品质和素养，是知识和能力的核心；能力是在基础知识和个人素质基础上的办事能力，是一个人社会价值的体现。这三者之间是相互依存的关系。

②正确处理教学中理论与实践的关系。基于能力本位的职业教育人才培养模式，是注重人才的技术应用能力和职业素质能力，注重培养学生从事职业岗位的具体能力。学生经过反复的学习和实践才能更好地接受新知识，适应新环境。

（二）基于能力本位的职业教育人才培养模式的实施策略

高职院校实施以能力为本位的人才培养模式，其具体实施策略有以下几种。

1. 以职业能力目标为中心进行教学课程设计

采取基于能力本位的职业教育人才培养模式的职业院校要想做好课程设计，就要对职业岗位进行分析，归纳出当前及今后一段时期的职业从业人员的岗位能力，围绕职业能力进行学校专业课程的讲授与学习，选用能够突出岗位技术、岗位操作和企业运作实务的教材，围绕一项职业能力开设1～2门相应的课程，安排教学计划，编制教学大纲，同时对于构成职业能力素养所需要的跨专业的基本知识和技能，也要安排学生学习，提高教学实践的针对性。

2. 围绕职业能力实施培养计划

职业院校在建立了以职业能力为依据的课程体系后，要正确认识到课程的讲授和学生能力的培养与提高之间的关系，制定学生能力培养的教学计划，根据学生个体的能力来实施培养计划。

在实施人才培养计划的过程中，教师起着关键的作用。教师要始终以人才职业能力的培养为指导，引导学生对理论知识进行学习和对技能进行培养，不断提高学生的职业能力，细化教学内容，实施课程教学。

3. 注重职业能力成长的全程追踪与考核

职业院校必须对学生进行职业能力全程追踪与考核。学生的职业能力主要包括专业技术能力和个人综合素质。职业院校应为每个学生建立考核追踪记录，并以此作为学生考核的依据。

针对专业能力的追踪与考核，职业院校可以制定详细的项目标准，使每个学期学生的专业培训实施计划形成书面计划，鼓励学生考取相关专业证书，以便为以后的就业做好充足的准备。

学生的综合素质的培养是学生人生观、世界观、价值观培养的重要环节，必须贯穿于职业教育的始终，应当渗透到整个职业教育的全过程之中。职业院校应从学生入校就进行教育宣传，了解学生在综合素质方面的基本情况，鼓励学生通过参加丰富多彩的校园文化活动，提高自己的沟通表达能力、组织协调能力等。

4. 重视现场教学和实训课程教学

基于能力本位的职业教育人才培养模式，强调的是教育的应用性、职业性和实践性。所以在职业教育的过程中，职业院校要重视对学生进行现场教学，可以组织学生到企事业单位、工厂、港口等办公现场，让他们有亲身感受和动手实践的机会，加深学生对所学专业知识的认识，培养真正面向生产、面向服务和面向管理的实用人才。

三、工学结合人才培养模式

工学结合人才培养模式即利用学校教育环境和企业教育资源，培养真正适合企业需要的具有全面素质和综合职业能力的应用型人才，提高学生的就业竞争力，实现学校教育和企业需要的互利双赢的人才培养模式。

对于工学结合人才培养模式，美国称之为"合作教育"或"与工作相结合的学习"，英国称之为"三明治教育"，中国则称之为"工学结合"或"半工半读"模式。

（一）工学结合人才培养模式的发展

工学结合人才培养模式最显著的特点就是学校和企业双方共同参与人才培养的全过程。学生不仅能学习到理论知识，还能到企业实习或者顶岗工作，进行真正的生产实践。这种模式适用于理论技术要求比较高，实训时间要求长的专业。

工学结合人才培养教育模式至今已有百余年的历史。这种模式主要应用在高等教育领域。从最早的1903年英国实施的"三明治教育"和1906年美国俄亥俄州辛辛那提大学的"合作教育"，到1983年在美国成立了"世界合作教育协会"，这种教育模式在发达国家广泛应用并且日趋成熟。发达国家的职业院校以职业为导向，安排学生进行跨国工作实践，增强了学生就业竞争能力。目前，已基本形成了德国的"双元制"、英国的"工学交替"、美国的"技术准备制度"和新加坡的"教学工厂"等多种模式。

借鉴国外形成的许多有益的成功经验，我国于1991年最早提出"产教结合、工学结合"。2005年，《国务院关于大力发展职业教育的决定》强调要改变以学校和课堂为中心的人才培养模式，大力推行工学结合、半工半读的制度。这些政策要求职业教育要高度重视自身的发展，整合学校和企业的教育资源，充分调动企业合作的积极性，推动职业教育的发展。

（二）建立工学结合人才培养模式的策略

当前我国的职业教育工学结合人才培养模式可以通过以下几种策略得以建立。

1. 树立正确的办学理念

职业教育要有开放的办学理念，面向社会、面向企业办学，培养适应市场经济发展需要的工学结合的人才，加深全院师生对工学结合培养模式的认识，积极探索人才培养的改革模式。

2. 完善校企合作机制的法律法规

国外的职业教育产学结合、校企合作都有完善的法律法规的保障。我国也要借鉴国外的经验，不断健全和完善职业教育的校企合作机制，用法律法规的保障方式，实现职业院校、企业、政府部门、学生之间的相互协调配合，明确规定社会企业要参与学生的职业教育活动中，将企业参与职业教育活动的鼓励性政策与不履行职业教育义务的惩罚性政策法规化，促进工学结合的人才培养模式走向成熟。

3. 建立工学结合的互动机制

在知识经济时代，只有职业院校和企业的共赢发展才能兼顾双方的利益，才能使工学结合的人才培养模式持久发展下去。我国应充分调动学校和企业双方的教育积极性，建立长期、稳定的合作关系。学校和企业应签订合作办学协议，明确双方的权利和义务，既能保证完成职业院校教学科研任务，又能使企业顺利经营，为社会培养更多的高素质人才。

4. 开展职业教育教学改革

采取工学结合人才培养模式的职业院校，要以企业用人需求和产业发展趋势为指导方向，确立学校的人才培养目标，合理设置专业和课程，开展教育教学的改革；要坚持以技术应用能力为主线，构建课程体系和教学内容，搞好课程重组与开发，完善实践性教学体系，加强职业技能训练与考核，充分利用学校和企业教育资源，加强学生的职业素质和职业能力的培养。

5. 提升职业院校自身科研能力

职业院校在应用技术方面的开发与在行业产业方面的科研开发是企业合作办学的一个重要因素，也是吸引企业投资学校教育的一个重要参考因素。职业院校应加强实训指导教师的专兼职师资队伍建设，聘请在行业和区域科研领域、技术应用方面的专家，并鼓励这些教师开展科研课题活动、带领学生寻找科研项目、参与到企业的实际生产中，以推动校企合作、工学结合向更深层次发展。

四、产学结合人才培养模式

职业教育的产学结合人才培养模式是在职业院校和企业合作的基础上，把企业的要求融入学校的教育教学过程中，将企业和学校全方位、深层次地结合起来，培养适合企业需要的全面素质的人才培养模式。

（一）产学结合人才培养模式的特征

职业教育的产学结合人才培养模式结合了企业生产和学校教学两个统一整体。这种人才培养模式主要有以下三个特征。

1. 校企双方全方位合作

产学结合人才培养模式下的校企合作是全方位的合作，强调学校应以专业设置为主体，明确合作管理的各项事宜；合作范围应多样化和差异化；产学结合的合作内容也应更加广泛。学校和企业可以根据各自的实际情况，开展项目的合作。学校可以为企业进行员工的培训，也可以利用自身的科研能力参与企业的产品研发。

2. 企业参与人才培养

产学结合的一个重要特征是企业可以参与职业教育的人才培养活动。企业是社会经济中产业结构和技术升级的参与者。企业可以及时把这些信息传递到学校。学校就可以市场为导向确定人才培养目标。企业参与职业教育的教学过程。学校可以根据企业的需求编制教学计划、设置专业课程，以使学生学到最新的岗位专业知识和专业技能。为了实施实践教学模式，职业院校可以让学生到企业的真实环境中实习，培养良好的职业道德，提高学生的就业能力。

（二）产学结合人才培养模式的实施策略

职业院校积极探索适合自己院校的产学结合的人才培养模式取得了一定的成就，但是也存在一些问题。学校把企业当作了学生实习的一个场所，而企业缺乏对产学结合的正确认识，没有体会到合作的益处。职业院校和企业双方还没有找到产学结合的有效途径和方法，合作只停留在表面上，缺乏长效机制来保障合作的合理合法性。

1. 政府应充分发挥引导和支持的作用

结合国外产学结合人才培养模式，在产学结合模式中政府的引导和支持是非常必要的。政府应制定出适合我国社会经济发展的、有利于推动产学结合发展的一系列政策法规，从国家层面提倡和引导产学结合，调动学校和企业的积极性，调动职业院校教师和学生参与合作的积极主动性。

2. 理顺合作关系

产学结合人才培养模式中的职业院校和企业是主体，理顺两者之间的紧密结合、互惠互利的合作关系，是产学结合模式长足发展的关键。

要加强学校和企业的深层次的合作，企业就要参与到职业教育人才培养的全过程中。企业应关注、参与学校人才培养目标的制定，通过专业建设指导参与职业教育的专业建设、课程体系的开发设计、教学质量的评估、学生的实习安排、学生的毕业论文和毕业设计的指导。这样才能够真正解决企业中的一些问题。这种深层次的合作，不是形式上的浅层次的合作，也不是松散的中间层次的合作，而是在企业和学校双方的双赢基础上的可持续发展的合作。

3. 建立产学结合的长效机制

职业院校要根据市场和企业的变化建立调控机制，宏观调控产学结合的发展，调整职业教育教学方向和培养目标，根据市场人才的需求进行职业院校专业和课程的设置和调整。职业院校应建立健全产学结合的保障机制，建立校企双方的管理协调机构，出台相关的实践基地、科研开发等基础文件，使得合作能够产生最大的效益。另外，职业院校应建立有效的评价机制，对人才培养的质量、校企合作管理的科学化程度、学生的专业技能的考核、学生的就业情况等进行检验和评估，促进产学结合长效发展。

第四节　我国职业教育人才培养模式的创新探索

一、我国职业教育人才培养模式创新原则

我国职业教育人才培养模式创新必须遵循一定的原则，主要应遵循准确定位、以职业能力培养为主线、突出实践性教学、特殊针对性与普遍适应性相统一的原则进行。

（一）准确定位

我国职业教育人才培养工作要准确定位人才培养目标，充分体现出人才类型的职业性和人才档次的高层性。职业院校的学生要学习基本的理论知识，还要接受素质教育，要具有学习新知识的主动性和积极性，具有较强的岗位职业能力、创新创业能力、终身学习能力，通过在职业教育阶段接受的岗位能力训练，掌握熟练、规范的操作技能和将理论转化为实际成果的专业能力，最终提高就业能力。

（二）以职业能力培养为主线

职业教育的人才培养目标是培养综合素质高的技术应用型人才，所以人才

的培养就要以培养职业能力为主，构建相关的课程体系，开展以培养职业能力为主的教学方案和计划，使学生获得相应职业领域的职业能力。职业能力的培养要坚持实事求是的原则，包括学生职业岗位能力的培养、职业道德的培养、学生的组织合作和沟通等综合能力的培养。

（三）突出实践性教学

加强学生实践能力的培养是职业教育人才培养的基本原则。学生的实践能力主要是指学生在生产实践的过程中，能够根据所学的专业理论知识发现问题、提出问题和解决问题，还要具备专业基本素质，通过多样化、系统化的实践课程的学习，找到实践教学中实践能力培养的途径和方式，能够系统、科学地突出职业教育的实践教学特色，提升实践教学的效果。

（四）特殊针对性与普遍适应性相统一原则

随着社会经济的发展与完善，经济结构、就业结构发生了变化。尤其是伴随着知识经济、互联网智能时代的到来，新的产业和行业对就业者的综合能力和综合素质的要求越来越高。职业教育要以就业为导向，针对一定职业岗位的人才实施培养计划，因此课程设置和专业设置就有了职业岗位教育的特殊针对性和教育的普遍适应性两个方面的特征。这两个方面是矛盾的，所以在进行人才培养模式创新的探索中，职业院校要把这两个矛盾的特征统一起来，培养学生的可持续学习能力。

二、我国职业教育人才培养模式创新的途径

（一）适应"现在与将来"

职业教育人才培养模式的创新，首先是对人才培养目标的创新。人才培养目标是直接影响人才培养质量的重要因素。现代职业教育人才培养的目标要从单纯的职业岗位能力的培养转变为对学生整个职业生涯能力的培养。就业者要适应职业结构的变化。就业者对将来职业的适应能力，取决于自己接受持续的教育和培训的机会，以及能否不断地学习和实践。学生就业以后，也要坚持终身学习以适应不断变化的职业要求。

一方面，"互联网＋"时代的到来，不但体现了科学技术的强大力量，同时也调整了劳动力需求的结构性，减少了传统的就业机会；另一方面，"互联网＋"时代也创造了更多与互联网本身有关的新的职位和就业机会，对经营管理人员、技术人员、技术创新和研发人员的需求量明显增多，如电子商务、网

络工程师、计算机硬件工程师等。一个人一生接受一次教育、在一个岗位上工作一辈子的情况会越来越少。职业教育人才培养目标应转为"适应现在"与"适应将来"并重，将学生的职业能力培养和学生的职业生涯规划结合起来，培养学生的创新创业能力、可持续发展能力和就业能力，为学生长期的工作、生活和发展服务，为今后的教育和培训创造条件。

（二）面向行业经济与区域经济的并重发展

我国职业教育专业设置受过去行业办学的影响，偏重于行业经济。如今经济结构发生了变化，因此，职业教育的专业设置也要向区域经济转变。职业教育要面向行业经济和区域经济的并重发展。职业院校应利用自身的科技人才、先进的实验设备、科研成果等参与到区域经济的技术创新交流中，将技术转化为生产力，促进区域经济的发展，同时要根据区域经济的发展、科学技术的需要调整自己的科研方向，以适应社会经济的发展，产生更大的经济效益和社会效益，更好地推动区域经济的发展。

（三）实施综合化、模块化的课程改革

我国职业教育人才培养模式的创新还体现为，职业教育课程向综合化和模块化转变，以培养具有全面综合素质和创新创业能力的应用型专门人才。

1. 课程体系向综合化转变

职业教育人才培养模式创新重点，主要是建立学生专业知识学习的体系，突出专业基础知识、综合技能和综合素质方面的拓展训练，使学生不断改善自己的知识认知结构，适应知识经济时代和社会的发展，尽快学习和把握未来发展的新的知识体系。职业院校在构建综合化的课程体系方面，要注意几个方面的问题：整合和重组人文社会各门学科、自然学科、基础学科，突破传统学科的界限，交叉学习；对于职业技术基础学科、职业技能学科和职业技术延伸的学科，也要根据职业岗位的需要，使学生掌握知识和技能，改善学生的知识结构和思维结构，提高学生的综合素质。

2. 课程体系向模块化转变

职业教育课程也可以向模块化转变。典型的课程模式是20世纪90年代初的"宽基础，活模块"的课程模式。宽基础课程是集合了一个系列相关职业所共同具备的基础理论知识和基本的技能，而活模块课程是针对具体的一个职业岗位所要掌握的知识和技能。"宽基础，活模块"的课程模式有利于学生在学习行业知识的基础上弹性地选择适合自己发展的职业岗位的课程，充分调动了

学生的学习积极性，也有利于职业院校课程的合理配置。

（四）职业能力和职业素养并重

21世纪的知识经济发展对专门人才素质的最重要的要求之一就是创新。职业教育人才培养模式的创新，还体现为学生职业能力和职业素养并重的教学内容的改革创新。

职业能力的培养要从理论教学转变为实践教学，将实践教学贯穿于职业教育的整个教学过程，应根据职业发展需要调整教学计划，加强实践课程的开设，合理安排教学过程。职业素养的培养要从单一的专业教学转变为重视人文教育的教学，注重学生人文素质的培养，培养学生强烈的社会责任感、健康的心理素质、良好的处理人机关系的能力，扩大学生的知识层面，提高学生的综合素质。

（五）运用现代教学方式

现代职业教育的人才培养要以学生个体的发展为根本，以学生为中心，满足不同层次学生的学习需求，发挥学生的潜能。现代职业教育教学要改变原来只重视教师单方面地教、学生单纯地学的教学方式，要强调学生学习的主动性，激发学生学习自主性，让学生主动参与教学活动，能更自觉主动地学习，能更有效地学习。教师要更新自己的职业观念，更新教学内容，紧跟时代的步伐开发新的教学案例，积极引导学生。

（六）师资队伍的优化建设

激烈的国际竞争要求职业院校师资有较强的适应性。职业教育也是面向世界、面向未来的教育，必将面临国际范围内的激烈竞争。职业教育作为高等教育的重要组成部分，由于其培养人才的特殊性，更需要面向世界、面向未来、面向科技发展。职业院校教师作为职业教育的实施主体，必须迎接新的挑战。这就要求职业院校师资除了要具有一般的知识能力结构外，还应有在科学发展前沿的国际竞争环境中保持较强适应能力。我国应强化职业院校师资队伍建设，建设一支结构合理、素质优良和德才兼备的高职院校师资队伍。

（七）积极实行校企合作、产学结合的教育模式

我国还可以积极实行校企合作和产学合作的教育模式，形成政府、企业和学校共同运作机制，整合资源，使得职业教育和社会紧密结合，共同发展职业教育。

校企合作、产学结合的教育模式可以使学生通过各种形式的实践活动近距离地了解社会，培养学生动手实践的能力。职业院校要为企业寻找更加适合企

业自身发展的合作方式，寻求科研单位的技术支持。我国应鼓励学校和企业、科研单位和企业、学校和科研单位之间的合作办学。这也是培养学生把理论知识转化为实践能力，培养学生的创新创业能力、就业能力和自主创业的能力的重要途径。学生自主创业不仅能解决自己的就业问题，还能带动社会的就业。

职业院校创业园也是人才培养模式的创新。创业园是学生和社会沟通的桥梁，是职业院校高素质人才培养和科技成果互相转化的结果，能为培养学生的创新能力、社会实践能力、自主创业能力和就业能力四种基本能力打基础。例如，北京高校大学生创业园（软件园）于 2015 年就成立，主要的创业项目是软件及信息技术服务业和通讯 IT 行业，重点支持的创业项目是"互联网+"大学生创业项目。截至 2018 年 10 月，中国"互联网+"大学生创新创业大赛已经成功举办了 4 届，大大地加快了北京高校高素质人才培养进程。

第六章 我国职业教育师资队伍建设

自改革开放以来，我国职业教育事业发展迅速，从而在职业教育师资队伍建设方面取得了不错的成绩，但是与此同时许多问题也随之"浮出水面"。这严重阻碍了职业教育的发展。职教师资队伍建设稳步发展的关键包括以下几点：对现状进行正确的分析；充分利用相关优势，解决难点问题，并对发展策略进行调整。

第一节 现代职业教育师资的素质

一、职业教育师资的职业素质要求

素质泛指对从事某一职业的人在知识、能力、情感等方面的要求。素质既可以针对某一个个体而言，又可以针对某一个群体而论。例如，人们常讲的国民素质、教师素质、干部素质就是一个群体的概念。

师资素质主要是指教师队伍的整体素质。这是与教师个体素质紧密相关的。教师整体素质是结构化了的个体素质，或说是个体素质的整合。笔者之所以将研究定位于教师整体素质。一是从实际工作的角度考虑。一所学校办得是否成功取决于教师队伍的整体素质。二是从管理工作的角度考虑，学校师资队伍及其建设历来是各级教育行政主管部门和学校领导关注的焦点。三是从法规、制度建设的角度考虑，教师任职资格条例已经或即将对教师个体素质作出科学合理的规定，而整体素质及其培养、提高则需要根据实际情况做进一步的研究，以保证提出的要求切实可行、行之有效。

（一）职业道德素质

对于职业教育事业和中职学校工作而言，社会主义精神文明在其中的具体体现就是职业道德素质。对于学校学风、教风、校风的形成，它起到了积极的

推动作用。

第一，职业教育教师要想形成良好的职业道德素质，就需要有一定的基础，即始终坚持正确的人生观、价值观，并且以此去看待自己所从事的职业。此外，对于教师职业道德素质，教风是其最为通常和直接的反映。在教师职业道德素质培养的过程中，最令人关注的问题就是教风问题。因为教风是教师外在言行和内在品格的统一，也可以说是教师集体人格的体现。作为学生学习的榜样，教师各方面的言行举止以及道德面貌总是会潜移默化地对学生造成一定的影响，而且要知道其言行并非局限于课堂和学校内外的言谈举行，更涉及社会生活和个人生活等方面。尽管学生随着年龄的增长和阅历的丰富，明辨是非的能力逐步提高，选择外界影响的能力也不断提高，学生还是会自觉或不自觉地以教师为榜样来调整和修正自己的思维方式与言行举止，接受教师"道德基因"的影响，并以此发展成自己的道德情感、道德意志和道德信念，最终形成自己的道德观，影响自己对周围社会、人物、事物的认识和看法。

第二，敬业精神、献身精神以及全心全意为人民服务的品德是职教师资职业道德素质的重要组成部分，一方面会对学生的职业道德的培养水准产生影响，甚至会对学生道德水平的高低起到决定作用；另一方面也会对职业教育事业的发展产生极大的影响。与此同时，对于正在接受职业教育的学生，职教教师要始终怀揣着尊重和热爱之情，做到诲人不倦。这不仅是职教教师应该承担起的神圣的责任，而且有利于更好地教育和影响学生，促使学生形成美好的心灵。如果职教教师这方面的职业道德意识不强或水平不高，那么，教师与学生之间建立彼此相互信任的关系、成为学生的良师益友，就会成为泡影。由于种种原因，中等职业学校学生的基本素质参差不齐，学习的积极性、主动性不高，不良的行为习惯时有表现。若教师因此而鄙视学生，就很难主动热情地、有效地关心、帮助、教育学生，因而培养"四有"新人的任务也就难以真正落实。例如，相关调查结果表明，近80%的教师都把学生学习积极性不高视为影响工作积极性发挥的主要因素和工作中遇到的最主要困难。这就充分体现了教师职业道德素质提高的紧迫性。

第三，对于职业教育教师而言，其职业道德素质是由许多部分共同组成的，其中最主要的组成部分是严于律己、言行一致、严谨治学、勤于进取、学而不厌。教师在向学生传授知识和技能的同时，也要教导其如何"做人"。教师的工作作风、工作态度、行为习惯、言行举止都会给学生留下深刻的印象，对学生的一生产生相当大的影响。我们都知道，学生的知识、技能可以在其参加工作后通过实践和接受再教育、培训而逐步提高，而在学校养成的作风、态度、习惯都不太容易改变。这些精神因素会在学生离开学校相当长的一段时间里继续影响学生的成长、发展。

第四，职教师资职业道德素质的构建不仅要重点关注集体主义精神，而且要关注团结协作、互勉共进的群体意识。首先，全体教师要协调合作，共同推进人才的培养，而不可"独善其身"。其次，职业教育教师要保证人际关系的和谐融洽。这是教育教学工作乃至学校事业取得进展的必备条件。而且，这也是育人的需要，因为中等职业教育培养的学生大都在生产、管理第一线工作，彼此之间的协作十分重要，团队精神也往往成为企业发展的内在动力。显而易见，教师这方面的表率作用必须予以强调。

（二）科学文化素质

职业教育师资应接受过系统的高等教育和专业训练，具有较高的文化程度。但这并不意味他们就自然而然地具有较高的科学文化素质。从实现自我完善、自我发展角度提出的和所强调的科学文化素质，是指对正常社会与经济生活所需的社会文化知识和自然科学基础知识的占有范围和理解程度。

中职教育的师资应当"能文能武"，且具备"双师型"的素质，从而使脑力和体力两种劳动的最佳组合得以实现。这一点是中等职业教育的性质所要求的。现代职业教育除强调教育的示范性之外，更注重教育工作的创造性和教育效果的适应性。因为，在市场经济逐步发育成熟和科技迅速发展的 21 世纪，社会需求的变化导致以社会需求为基础的职业结构、职业特征随之发生变化，职业教育师资的劳动对象、劳动内容、劳动过程、劳动条件和劳动环境变得比以往任何时候都要复杂。这就要求包括中等职业教育在内的职业教育能够根据实际需求变化来调整专业设置、更新教学内容、改进教学方法。职业教育师资只有具有广博的知识面和某些方面较为专业的技能，才能适应这种新形势的要求。在产业结构调整时期，特别是科技成果转化为现实生产力的速度明显加快的情况下，职业教育要与之相适应，必须拥有一支高素质的师资队伍。因为，只有高素质的师资队伍才能及时地充实和更新专业技术知识和职业操作技能，而且能对发展趋势做出较为准确的预测。对职业教育师资而言，实现自我发展、自我完善需要建立在扎实的科学文化基础之上。这一基础要远比职业教育师资所接受的高等教育宽广得多、专深得多、综合得多，而且从实质上讲，对文化课、专业课和实习指导教师的要求是一致的。

职业教育教师一定要提高自身的科学文化素质，促使自己实现全面的发展。社会生产经验与社会生活经验构成的知识、技能原本是完整的、协调的体系。

我们为了便于进行教育、训练，以及适应不同的社会分工要求，才将其分成不同的学科专业门类。随着对客观世界认识的深入，我们越来越清楚地看到这些学科、专业之间内在的必然的联系，其外在的界限却变得越来越模糊。所以，作为为社会培养全面发展人才的职业教育师资首先应该具备德、智、体、美全面发展的意识与素质。对教师而言，构建以自然科学、社会科学以及两者之间相互交叉渗透的知识为基础的科学文化素质尤为突出重要。

（三）专业技术素质

职业教育师资从事的是专业教育工作，除应具备较高的科学文化素质外，还必须具备职业活动所需的专业技术素质，即对所从事工作需要的专业技术知识和职业操作技能的占有范围和理解程度。这是职业教育师资从事教育教学活动，实现人才培养目标的基础和前提。

在职业教育中，教师要开展相关的教育教学与专业训练活动，以此来挖掘出学生的潜在能力，使学生对必要的知识与技能有一个充分的理解和把握，从而使学生获得从事某方面职业的就业资格。良好的专业技术素质是职业教育师资所必备的。这一素质能够使教师较好地掌握某一专业的知识与技能及其内在规律和发展趋势，并能以此为基础、以培养目标的要求为依据，设计和开发出相关的课程，实现教学内容的确定、教学方法的选择以及逻辑顺序的安排。另外，职业教育师资还要以科技进步与具体应用的情况为依据，同时考虑到社会需求的变化趋势，在此基础上进行课程设置、课程内容和教学方式方法的调整和改进，包括淘汰陈旧过时的课程或内容，设计和开发新课程，保证学生具备合理的知识结构。需要强调的是，职业教育师资的专业技能应在总体上做到"训练有素"，才能在教育教学过程中，正确地进行技能操作的示范和指导，并准确地把握其标准。需要加以说明的是，职业教育的特殊性规定了其师资专业技能应该达到的水准。对于那些职业岗位要求的操作技能训练，一般是由实习指导教师来完成的，所以，实习指导教师的操作技能必须"过硬"，有相应的等级要求；而对于专业课教师则更多的是要求他们熟知哪些技能对人才培养是至关重要的，并知道其培养训练的方法和途径，能够准确地将其列入课程教学内容之中。职业教育师资应当具有良好的专业技术素质。只有这样才能保证其拥有专业能力与教学能力的形成条件和发展基础。

在现代科学技术迅速发展和广泛应用的背景下，职业教育的教学工作的质量标准日益提高。为保证人才的适应性、适用性，职业教育的教学内容除了要与具体职业内容一致以外，比以往任何时候都更加强调超前性、前瞻性、广泛性。这样，职业教育师资除要掌握与本专业直接有关的理论知识、实践技能外，还要通过自学、接受培训等尽可能多的途径了解相关行业职业的发展趋势，及时补充或更新必备的技术理论知识和专业基础知识，使自身的专业技术素质保持在一定的水平之上，才能立于"不败之地"。另外，随着时代的发展，院校学生也不再满足于传统的"示教再现型"的教学方式，他们比以往更加乐于思考，乐于提出综合性的问题，并受到学校、社会的鼓励。因此，教师在履行"传道、授业、解惑"的职责时，就会面临着许多新的甚至可能超出传统的专业领域、职业范围的问题与挑战。在这种情况下，只有那些眼界开阔、基础扎实、知识渊博、反应敏捷的专业技术素质高的教师才能应付自如、游刃有余。

职业教育师资不同于普通教育师资的显著特点之一就是，除传授知识、技能之外，还要对学生进行职业指导。即职业教育的属性要求职业教育师资能够根据学生的身心特点、学业成绩、职业潜力、家庭情况、社会需求等具体情况，通过咨询的方式，比较准确地指导学生选择适当的工作层次与工作岗位进行就业。显然实现这点需要教育学、心理学、社会学、统计学等方面理论与方法的支撑，也需要对某些职业岗位的特点与要求及其社会背景的了解和掌握。而这些往往需要职业教育师资具有较高的专业技术素质。

不难看出，对专业技术素质的要求也蕴涵着对自学能力的要求。因为，不管通过何种途径，采取何种方式提高专业技术素质，最关键的决定性因素还是自学能力。学生的自学能力强，适应能力和知识更新能力就强，素质提高就快。

（四）职业能力素质

1.教学能力素质

①职业教育教师的口语表达能力。教师在课堂上的口头语对学生有着示范的作用，因此，首先，教师的口语要简明准确，保证传授知识的正确性；其次，教师的语言要富有条理性，表达思想的语言要条理清楚、逻辑严密，符合语言规范。最后，教师的语言要富有启发性，应能够启发学生积极思维。

②教师的体语表现能力。教师的课堂讲授实质上是面对面与学生的交流。体语能辅助有声语言，增加教师教学信息的辐射量，真实地反映教师的气势和人格。教师的一个眼神、一个手势都能传达信息。因此，教师要充分地、正确地运用体语。比如，目光分配要合理，把教师的关爱传达给每一个学生；面部表情要适宜，既要温和、亲切、平易近人，又要不失严肃、庄重。

③书面表达能力与书写规范汉字的能力。教师在备课过程中要编写教案，在批改作业时要写批语。教师的教学和科研活动都离不开书面写作。教师必须

要掌握一定的书面表达能力，这样才可以使自己的思想清楚准确地表达出来。

④掌握和运用教材的能力。教材是教师教学过程中的依据，是教学大纲的具体体现。职业教育教师必须对自己所任课程的教材非常熟悉，且应对之进行过深入研究，同时应具备驾驭和运用教材的能力。这要求教师要正确理解教材的特点，把握教材的重点、难点。只有做到这些才能在教学过程中传授正确的知识、技能，实现教育目标。

2. 教育能力素质

教师除了启智益能以外，还肩负着育德的任务。教育的目的是培养和造就对社会有用的人。因此，引导学生树立正确的人生观、价值观是教师应尽的义务。职业教育的教师应能够正确地指导学生认识新事物，通过丰富多彩的班级活动，丰富学生的课余生活，寓教于娱乐之中，通过有效的途径，使学生能够接受教育，提高他们辨别真伪的能力，并且引导其始终坚持正确的人生观和价值观，同时，要以高尚的情操陶冶学生，以正确的思想武装学生，使学生朝着身心健康的方向发展。

3. 班级管理能力素质

①调动学生的积极性，合理使用班干部。教师要善于发现学生的长处，充分调动每一个学生的积极性，一定要公平、公正地给每一个学生提供为他人服务的机会，培养学生自我管理班级的能力，切忌仅仅喜欢一部分学生而忽略了另一部分学生。

②指导班干部开展班级工作的能力。一方面，教师要充分信任班干部，支持他们开展工作，肯定他们的成绩，表扬他们的一些积极的有益的做法；另一方面，教师也应该严格要求班干部，培养他们的全局观念，使他们时刻注意发挥模范作用，团结全班同学共同进步。

（五）身心素质

对于职业学校的师资尤其是专业课教师和实习指导教师而言，脑力劳动与体力劳动相结合的特征十分明显，那么，职业教育教师就更需具有健康的体魄。而且，某些专业对教师的力量、速度、耐力、灵敏程度等方面的身体素质的要求会更高一些，某些对美术绘画有要求的专业，如建筑装饰类专业，还要求教师具有特殊的先天素质。

与普通教师的师资相比，职业教育师资应该具有更好的心理素质。只有这样，教师才可以在面对职教的特定环境时，始终保持一种健康心理和高度理性的状态,并在此种状态下完成认知、情感、意志三个方面的过程,实现教书育人、为人师表。目前,有很多人对职业教育持有偏见。在这种情况下,职业教育师资更需要培养出良好的心理素质,以此来推动职业教育的发展,进一步提高职业教育人才培养质量。

二、提高高职院校教师素质能力的方法

师资队伍整体水平的高低是影响教学质量和人才培养的关键性因素,要提高教育教学质量和人才培养质量,必须在更新观念的基础上首先建设一支高水平的师资队伍。就师资队伍建设而言,作为用人单位的高职院校在师资培养阶段(大学或研究生教育阶段)的可控性极差,甚至可以说无能为力。因此,教师上岗后的培养对提高师资队伍的整体水平就显得格外重要。

(一)加强学习和修养,提高师德水平

可以说,教师的灵魂就是师德。在高职院校师资队伍的建设过程中,师德建设作为其首要工作需要给予高度的关注。职业院校要分析好自身面临的形势和任务,并以此为依据进行计划和措施的制定,促进师德水平的提高。

1. 统一思想,提高认识

第一,学校要将教师组织起来,进行关于师德建设重要意义的学习,同时也要组织其对精神文明建设和思想道德建设方面的相关内容以及相关的教育法规和文件进行学习,使其充分认识到加强师德建设的重要性和现实意义。因为师德建设不仅在整个社会主义精神文明建设中占有重要地位,而且可以推动高职教育的改革和发展,还有利于全面推进素质教育。通过相关的学习和讨论,广大教师充分认识到在教学活动中应该把"德"和"品"放在首位,协调好师德与育人的关系,对师德的内涵有所了解。在此基础上,教师应认真思考,自觉地修身立德和提升形象。

第二,更好地发挥舆论引导的作用,从而为师德建设营造一个良好的外部环境。作为一种精神力量,舆论可以反映出社会中人与人之间的关系,师德形成和发展的外在环境就是由它构成的,在评价教师的道德行为方面,它起到了重要的导向和约束作用。在社会舆论的谴责、鞭策或者鼓励、赞誉下,教师可以进一步增强自己履行师德义务的责任感,并且对自己的行为进行及时的调整,力求符合教师职业道德规范的相关要求。

2. 完善师德监督激励机制

第一,学校要加强师德建设并将其落到实处,具体来讲就是推动师德建设

的总体规划的制定。在加强教师队伍建设的过程中，学校要把师德教育作为其中的一个重要环节来抓紧落实，并确保目标管理的纳入，将目标管理作为中青年教师培养、新教师岗前培训的重要内容，推动培训活动有计划、有步骤地开展起来，从而推动教师明确自己的社会坐标和角色要求，促使其道德的自我约束意识进一步增强。在制定相关的总体规划的同时，学校也要完成各阶段计划的制定，并将具体的要求确定下来，保证这一计划具有明确的目标、具体的措施，从而狠抓落实、务求实效。

第二，完善聘任制度，尝试推行合同制。合同制不仅可以促进平等、公正、公开的竞争环境的形成，而且可以充分激发出教师的工作热情和进取精神，促使其在教学和科研两个方面都能保持一种积极的态度，使其进一步做到勤奋、努力、刻苦以及敬业，并在此基础上养成良好的职业道德。

第三，推动科学的师德评价体系的建立。学校要组织起专门的团队，完成职业院校教师的整体形象的研究和设计，使得科学的师德管理体系和评价体系建立起来，从而更好地评估教师的师德水平。

3. 加强自我修养教育

在师德建设中，推动教师的自我修养教育进一步加强、自我修养能力进一步提高，是具有重要意义的。在真正实现自我修养能力提高的基础上，教师可以更好地实现职业道德的转化，即把它由认识转化为相应的情感、意志、信念，进而转化为自觉的行为。在这方面的教育中，职业院校首先要做到的是对教师进行中华民族传统美德教育，借此来使教师自我修养的自觉性进一步提高。其次，要推动教师自律意识的培养。这里所说的自律就是指对自己进行要求、约束和剖析，同时也是指在没人对自己进行监督的情况下，也可以始终保持一种自觉性，让自己的行动符合正确的道德原则和规范，不做任何坏事，并且做到自尊、自省、自警、自励，对自己思想中的违背师德规范的念头进行清除和抵制，不断提高自身道德品质，树立起良好的师德风范，引导学生健康成长。

（二）加强培养与培训，提高知识水平

1. 夯实基础理论知识和专业知识

在职业教育的发展过程中，推动教师学历进一步提高已经成了一种必然的要求和趋势。如今，现代科技不断发展，经济全球化、一体化也已经初步实现。在这种情况下，社会对学校培养的人才有了更高的要求，即需要他们具有更强的适应能力和创造能力。这也就要求教师所拥有的基础理论知识要更加扎实、科研创新能力要更强，专业理论水平要更高。对于高职院校的教师而言，其具备应有素质的基本保证就是高学历。一般来说，一个人所受教育的程度以及知识和能力水平可以在一定程度上通过学历反映出来的。通常来讲，如果一个教师拥有较高的学历层次，那么他将会在很多方面都拥有较大的优势和发展潜力，包括理论基础、专业知识、科研能力等方面，并且可以很快适应学校教学和科研工作的要求。职业院校可以采取培养为主、引进为辅的方式来推动教师学历层次的提高。一方面，可以从高校和企事业单位中引进相关的教师；另一方面，可以采用灵活多样的方法对教师进行培养，如脱产的和不脱产的、面授的和函授的、全日制的和部分时间的等。

2. 采取"内培、外训"方法

职业院校可以把学校自主培养和利用社会力量进行培训这两种方式结合起来，以实现教师知识领域的拓宽。一方面，为了使学校专业设置和自身发展的特殊需要得到满足，学校可以自发组织相关的师资培训；另一方面，对于社会相关部门的支持和参与，学校应该积极争取，以此来适应高职院校教师知识面广、层次多、变化快的需求。

在执行相关的教师培训计划时，学校可以采取"内培、外训"相结合的方式。这里的"内培"主要是指学校要以教师的实际需要为根本出发点，始终坚持以校内为立足点、以在职为主要方面，追求多样化的形式，讲究实际的效果。对于青年教师而言，其必须参加岗前培训，学习多方面的课程，包括高等教育学、教师职业道德修养等，通过这种方式，使他们在履行教师岗位职责方面做得更好，从而更快适应高职院校的教学工作。而这里所说的"外训"则是指在每年的寒、暑假期间，各高职院校都会组织教师进行集中的学习和培训，而培训的地点主要是校外企业或其他高校，从而使其知识领域进一步拓宽。

第二节　我国职业教育师资队伍建设的现状与基本思路

一、我国职业教育师资队伍建设现状

（一）师资队伍数量明显增加，质量明显提高

到 2005 年底，全国职业教育专任教师 103.81 万人，比 1997 年增加了 34.84 万人。其中，职业初中 2.02 万人，中等职业学校 75 万人，高职（专科）院校教师 26.79 万人。师资队伍数量明显增加，结构明显优化，教师素质显著提高，

专任教师队伍建设成效明显，取得了历史性的成就。

（二）师资培养培训体系初步建成

为了满足职业教育对师资的需求，我国逐步建立了一批职业教育师资培养培训基地，广泛开展了职业教育师资培养和培训工作。全国绝大部分省、自治区、直辖市和各有关行业部门，都以本地和行业部门的实际情况为依据，把普高或国家级、省部级重点职业学校作为一种依托，来推动职业教育师资培养培训基地的建立。目前，我国已有 8 所独立设置的高等职业技术师范学院，32 所在综合大学下设的二级职业教育学院。1999 年初，国务院批转的教育部《面向 21 世纪教育振兴行动计划》就重点提出了基地建设问题，并将其作为一项重大措施，来推动职业教育的深化改革、职教师资队伍建设的加强以及职教质量的提高。同时对于职业教育师资基地的建设，中央财政和地方财政都给予了极大的支持和帮助。到目前为止，我国已经陆续建成了多个类型的职业教育师资培训基地，初步形成了以国家级职业教育师资培训基地为龙头、省级职业教育师资培训基地为主体、学校自身培训为基础的具有职业教育特色的、灵活开放的职业教育培养培训体系。

这些基地的建立和发展，使大量优秀的职业教育师资得以培养出来。借助高等学校的力量进行职业教育师资的培养，在一定程度上使职业教育专业教师和实习指导教师数量不足的问题得到了缓解；同时，通过教师在职"专升本"、攻读硕士学位等措施，提高了教师学历层次；通过短期培训不断更新了教师知识，提高了师资业务水平，特别是推动了教师的科研水平、专业理论水平、运用现代教育技术的能力、动手能力以及实践教学能力等不断提高。

（三）教师的社会地位和经济待遇有所提高

"十五"期间，包括各级政府和职业学校在内的各个有关机构都对党和国家尊师重教的号召做出了积极的响应，尽最大的努力为教师办出好事和实事，从而推动教师的工作和生活条件逐步改善和提高，充分调动了其教书育人的积极性。对于职业院校的教师而言，其获得了更高的收入，并且住房条件有所改善。一些地方和部委还制定了一些优惠政策和措施，作为一种鼓励的手段使教师在从事职业教育事业时更加安心，解决了教师后顾之忧，从而将更多的专业技术人员吸引到职业院校中去从事教育工作。

（四）加强了职业教师队伍的职业道德建设

各级党组织和人民政府以及学校主管部门和各职业学校都非常重视加强教

师队伍思想教育和职业道德建设，最大限度地调动了广大职业教师教书育人的积极性，使得他们的政治思想素质有了进一步的提高，使其自觉遵守职业道德的意识明显增强；并对教师进行积极的引导，促使其树立科学的教育观、质量观和人才观，成为学生的好榜样，更好地"传道、授业、解惑"以及育人，自觉履行《中华人民共和国教师法》规定的义务和责任。

（五）职业教育师资队伍建设的主要困难

自改革开放以来，特别是 1985 年《中共中央关于教育体制改革的决定》发布以来，职业技术教育获得了极好的发展。就全国而言，1980 年，中等职业教育在校学生仅占高中阶段在校生总数的 18.9％。发展到 2005 年，全国已有职业高中 5822 所，普通中专 3207 所，技工学校 2855 所，成人中专 974 所。中等职业教育在校生猛增到 1600.05 万人，占到高中阶段在校生总数的 39.7％，高等职业技术教育院校也从 1999 年的 474 所发展到 2005 年的 1091 所，在校学生数从 1999 年的 136.15 万人发展到 2004 年的 595.65 万人，占普通高校在校生数的 44.7％。这些是我国教育改革取得的成果。当前，职业技术教育发展迅速，与之相比，职教师资队伍显得很难适应。

从总体上看，当前职业技术教育的师资队伍明显地存在三个问题。一是教师数量不足。2005 年，高职院校专任教师师生比为 1：26.6，中职学校专任教师师生比为 1：21.3，教师数量不足的问题依然十分突出。二是教师队伍结构不尽合理。学历达标率低。到 2005 年，在全国中等职业学校专任教师中，本科以上学历仅占 71％；专业课与实习指导教师比例偏低，据 2005 年的统计数据，全国中等职业学校的专业课和实习指导课教师仅占专任教师总数的 51.5％；骨干教师和专业带头人缺乏；兼职教师比例偏低。三是教师队伍整体素质需进一步提高。专业课教师动手能力和实践教学能力及社会活动能力不强，"双师型"教师偏少。教师的专业技能和知识结构不适应教学需要。很多的专业课教师都是从别的行业转来任教的。合格的专业课教师的缺失使得许多职业学校在开设专业时面临困难，即职业院校难以根据当地经济建设的需要来开设相关专业，而往往是根据现有的师资条件来开设专业的，从而使得职业教育难以适应社会的需求。

在职业教育的发展过程中，最关键的就是职业教育师资队伍的建设。建设出优秀的职教师资队伍可以进一步加强基础能力建设，也可以使职业院校办学水平和质量进一步提高。实践经验证明，职业教育师资作为一个关键因素，已经严重影响到我国职业技术教育的健康发展。因此，我们必须清醒地认识到职业教育师资队伍建设工作中还有许多困难和不足。

第一，对于职业教育师资队伍的建设工作，一些地方和部门的领导仍缺乏认识，并且条件保证和经费支持也不充足。还有很多的问题存在于职业教育师资队伍建设的管理体制中，包括职能交叉、多头管理、职责不清。这些都需要我们去逐步理顺。职教师资培养和培训的经费缺乏稳定的来源。总的来讲，现阶段缺乏有力政策来支持职业教育师资队伍的建设工作。另外，对于现在实行的职务聘任制度而言，人才合理流动的机制以及真正的竞争机制还没有形成，不仅没能做到职才相应，而且存在评审权与聘任权相分离的问题。

第二，职教师资队伍培养和培训的制度和体系仍需要进一步的完善和健全。在大部分的基地里，一整套的培养培训模式和管理办法都还没有形成。尤其要注意的是这里所说的模式和办法都是规范且具有职业教育特色的。在基地里，陈旧的实验设备和较少的实习场地对教师实践教学能力的提高产生了严重的影响。同时现有的基地难以发挥出自身的整体功能，且难以使整体资源得到充分利用。对于职业教育中的新专业、短线专业方面的师资培养培训基地而言，我国要进一步加强建设。只有很少的基地能够真正地起到示范作用。根据全国的职教师资建设情况可知，健全的职业教育师资培养培训和继续教育的体系仍未形成。

第三，职业教育教师队伍的整体素质还很不适应全面推进素质教育、加快职业教育的改革和发展的要求。当前的职教师资队伍的各方面的比例结构虽然有了一定的变化，其中包括专业结构、职务结构、年龄结构以及专职和兼职教师等方面。但是不合理的地方依然存在，例如，缺少专业课教师和实习指导教师，尤其是后者；一些现有教师的学历层次仍然不达标，很多青年教师的专业技能教学能力和专业实践经验都是不足的，且缺乏相关的职业教育教学理论；同时也缺少相关的骨干教师和专业带头人。总而言之，在我国，与普通教育相比，职业教育在师资数量、质量、培训渠道以及相关的制度、途径和方法等方面都不够完善和规范，并且骨干教师和专业带头人的数量也是相对较少的。这一现状使得我国职业教育的发展受到了严重的制约。因此，到目前为止最紧迫的任务便是建设一支优秀的职业教育师资队伍以适应 21 世纪我国职业教育发展的需要。

其中，客观来说，青年教师的培养工作也有待进一步加强。从总体上看，青年师资队伍的主流是好的，要求其具有高尚的品德、先进的思想、扎实的业务能力以及认真的工作态度。但是我国也应充分考虑到青年师资队伍建设中存在的问题。例如，有些青年教师的关于社会实践的锻炼以及对社会的了解还相对缺乏，且仍未形成坚定的社会主义理想信念；一些青年教师由于缺乏教学经验，而不能过好"教学关"；有些青年教师的知识水平和开课能力较低；部分青年教师难以做到严于律己，且责任感缺失；甚至有些青年教师只重视学习、理论和业务，而严重忽视工作、实践和政治；等等。由此我们可以知道，为了推动高职院校师资队伍稳定、健康地发展，必须要对加强青年教师队伍建设的方法与途径做出进一步的探讨。

第四，专任教师到企业参加实践与锻炼的动力与热情不足。当前的许多专任教师的实践经验都是不足的。一是进入企业的教师往往只能进行走马观花式的实践活动，而难以真正参与到企业生产中。这使得教师的热情难以被充分调动起来。二是普遍来讲，教师的工作压力偏大，参加企业挂职会使其工作压力和负担成倍增加。三是政府的监督保障机制往往是缺乏实际效用的，难以做到有效的教师职务评聘等。与此同时，企业的生产任务是比较繁重的，因此教师很难对企业的实际情况有一个深入的了解。这使得实训活动也只是流于形式。可以说，在我国职教师资培养领域里，其中的一个重大课题就是如何培养高质量职教师资。除此之外，来自企业生产一线的兼职教师的人数很少。他们进行实训教学和现场指导的技能切磋的机会也很少。教师之间的讨论往往只停留在理论层面，从而难以形成社会需要的"双师型"教师队伍。这里所说的"双师型"教师是指同时具有丰富的理论知识和实践经验的教师人才。

二、职业教育师资队伍建设的基本思路

当前，我国职业教育师资数量严重不足、质量不高的状况已经到了非解决不可的地步。我国务必要走出一条新的路子来实现多渠道培养职教师资。

我国基础教育师资的培养依托的是庞大的师范教育体系。本科、专科、中师三级师范教育基本上满足了中、小学师资的需要。职业教育所涉及的专业面十分广，层次繁多。由少数职业师范院校开设有限的专业难以满足职业技术教育多方面、多层次对师资的需要。从我国国情出发，职教师资的来源应当是多渠道的，主要有四个途径。一是充分发挥职业技术师范院校的主导作用。我国目前已经建立了8所独立设置的职业技术师范学院，32所综合大学下设的二级职业教育学院。这些院校在进行专业设置时，同时考虑到职业教育和本地区社会主义经济建设的需求。两方都急需的专业就是院校应当设立的专业。将这些院校办大、办好，无疑会在我国的职业教育中起到重要的示范作用。二是使职业教育基地的作用得以充分发挥，努力推动"双师型"骨干教师的培养。三是从各类专业院校毕业生中进行选择，把那些愿意从事职教的优秀人才吸纳进来，

再让其接受一年左右的培训，主要是让其在职业师范院校和职业教育基地学习相应的理论知识和技能，最终将其培养成为合格的职业教育教师。四是对于那些属于高级技师或技工的人，如果其具有一定文化基础和高超的生产技能，那么可以将其招纳进来，通过进修，推动其学历层次的提高并使其掌握相关的教育理论和技能，最终将其培养成为职业院校的合格教师。

从今往后的一段时间内，职教师资工作的指导思想：对于全国职业教育工作会议的精神要积极地学习和贯彻，落实《2003—2007 年教育振兴行动计划》提出的工作任务和要求，认真实施职业院校教师素质提高计划，始终坚持建设"双师型"职业教育师资队伍的奋斗目标，同时深化职业学校人事制度改革，并以此为动力，加大力度建设师资培养培训体系，同时以此为支撑，推动制度的创新并且广泛开展以骨干教师为重点的教师全员培训，在此基础上，使得职教师资数量更加充实、制度更加完善、结构进一步优化、素质进一步提高、交流进一步加强，建设一支师德高尚、业务精湛、专兼结合、配置合理、拥有较高专业化水平的职业学校教师队伍，以此来适应职业教育改革和发展的需要。

第三节　我国职业教育教师的专业化发展

一、教师专业化的内涵

所谓专业是指需从业人员具备高度的专门知识、特殊技能和责任感的一种职业，而提供专门性服务是它的目的。专业有一定的标准和原则，具体来讲包括：①其具备的理论基础是系统的，知识结构是有一定高度的；②一般来讲，学生必须经过 4～5 年的培养与训练，在此过程中学习的主要内容是相关的知识与技能；③具备一套行事规范，且这一规范必须是服务、客观、公正的；④有可以参照的同行以及组成的专业团体。

专业发展的动态过程或专业人士的成长过程被称为"专业化"。在整个职业生涯中，教师不断地学习和接受培训，从而习得与教育专业相关的知识和技能，并且在教育实践中推动自己的从教素质不断提高，最终成为一名合格的专业教育工作者。这样的过程就是所谓的教师专业化。而职业教育教师专业化是指对于职业教育教师的职业而言，在职业的要求和条件方面，具有相对的特殊性，且其培养制度和管理制度也是专门被制定出来的。可以说，在现代教育的发展过程中，教师专业化是一种必然的结果，也是现代教育与传统教育的重要区别之一。教师专业化发展已成为教师教育改革的核心和世界教育发展的趋势。

从动态的角度来看，经过严格的专业训练和不间断的主动学习，职业教育教师可以逐渐成为一名专业人员。这样的整个发展过程就是职业教育教师专业化。这一过程的顺利实现有赖于两方面条件的支撑：一方面，教师要主动自觉地努力学习，推动自己的专业能力不断提高；另一方面，国家要创建良好的环境，以此来推动职业教育教师专业成长。所以，需要确定好相关的选拔和任用制度以及专业规范，以实现职业教育教师专业组织的建立，等等。教师自身的内部因素和外部环境因素在职教教师的专业成长过程中是不可或缺的。

从静态的角度来讲，职业教育教师的职业真正成为一个专业，而职业教育教师成为专业人员得到社会认可。这样的整个发展过程就是所谓的职业教育教师专业化。所以，对于教师培养和教育而言，教师专业化不仅仅是它的过程，更是它的目标和发展趋势，不仅体现了对职教教师专业水平的肯定，而且体现了对其社会地位的认可。

教师专业化会是一个长期的过程，甚至是终身学习的过程。这一点充分体现了在信息时代下，教师具备的极强的责任感、积极上进的信念以及值得尊重和敬佩的事业追求。

二、教师专业化的发展过程

教师专业化主要经历三个阶段，分别是教师专业化发展、教师专业化提升和教师专业内涵发展。而第一阶段的核心是教师职业训练；第二阶段是想要推动教师专业地位提升，为了实现这一目的，不断追求教师各个方面的改变，包括其权利、地位、知识结构等；第三阶段的核心是追求教师个体专业化水平。目前，我国职教教师专业化发展的状况并不理想，因为我国还在一味地追求高学历和多数量。与国际教师专业化的发展相比，可以发现，我国正处于提升阶段。

（一）职前教育阶段

在这一阶段，主要推进学科和教育教学两方面专业知识的教育，让教师接受比较基本的教学技能训练，从而使初步的教师品质逐步形成，为未来的教师职业发展奠定一个扎实的基础。职前教育阶段的完成主要以本科教育和研究生教育为依托。

（二）上岗前的培训阶段

在这一阶段，主要推行的是具体的岗位培训以及关于基本职业意识的教育。这里所说的职业意识主要是指做好职教工作的意识。通过相关的培训和教育，职教教师对职教的特点和规律有了基本的掌握，从而促使其职业意识不断增强，进入角色的时间也会大大缩短，同时可以更好地适应职教的岗位规范和要求。此外，不同类型的新上岗的教师需要接受不同类型的岗前培训。如果要对新上岗的教师进行划分，则可以将其分为三类。具体描述如下。

第一类是职业技术高等师范院校的毕业生。他们往往拥有较高的教育理论水平和进行教育活动研究的能力，但是缺乏实践能力。在对这类人员进行培训时，职业学校需要与那些具有较高管理水平和较为先进的技术水平的企业取得联系，让他们深入企业，进行短期的挂职学习和锻炼。

第二类是非师范院校的毕业生。他们往往具备丰富的学科专业知识。虽然其中有一部分人已经通过了一些与教育有关的理论考试，并且拿到了教师资格证书，但是由于没有接受过相应的技能训练，所以他们往往会缺乏教学工作的基本技能，以至于难以顺利地进入角色。

第三类是企业调入人员。他们中的绝大多数人都已经积累了一定的工作实践经验，并且拥有较强的动手能力，但是往往缺乏教学技能和相关理论的支撑。与前两类人员相比，对他们进行培训时，应该把侧重点放在教育基本理论学习这一方面。

（三）实践锻炼阶段

在这一阶段，要将开展职业活动和反思教学实践结合起来，以各个教师的具体情况为依据，采取灵活多样的方式来进行。有些教师会缺乏相应的教学技能。对于此类人群，职业学校可以与具体实践相结合，使用导师制的方法对其进行培训。教学经验丰富的老教师可以为青年教师提供多方面的帮助和支持，包括教学的设计与技巧、课程文档的创建等方面。如果一个教师的实践操作能力很差，职业学校则可以采用师徒制的方法对其进行培养，安排动手能力强的企业调入人员和兼职外聘教师成为其师傅，通过师傅的引领和帮助使其实际操作能力不断提高。

（四）职后培训提高阶段

这一阶段的重点是结合教学和生产两方面的实践经验，推动职业教育教师的水平进一步提高。通常情况下，职业学校可以采取的方式包括以下几种。

第一，倡导终身学习，制订职业生涯发展规划。教师在制订自己的职业生涯发展规划的过程中，既要考虑到自身的专业特长，又要考虑到学校的发展目标，同时要将二者结合起来，使自己努力的方向更加明确，实现职前和职后两种教育的有效衔接，避免功利性的短期行为。

第二，进一步强化职业教育教学实践的效果。教师要积极参与到具体职业领域的教学活动中去，使自己对于职业工作的任务和实践的掌握更加熟练，运用相关的教育教学理论，实现职业教育课程的开发和利用，从而使自己更好地掌握和运用职业教育教学技能，同时能够以自身教学实践为依据推动教学研究的开展，实现教学行动能力的提高。

第三，强化企业职业实践训练。也就是指，教师对于那些与职业有关的企业实际工作的训练，可以直接参与到其中。这一训练主要面向的目标对象是那些实践操作能力较差的教师。在选择有代表性的工种和岗位的过程中，不仅要考虑个人的实际情况，而且要考虑以后的工作岗位要求，通过多种方法实现对相关经验与知识的了解和掌握。这些方法包括职业考察、下厂实习等。

第四，进一步加强校本培训。推动实体思维向实践思维发展，将关注的重点放在教师的实践过程上，从而淡化对教师掌握的客观知识的关注，无疑是当代教师专业化发展的新的取向。为了推动教师专业化发展，职业学校必须重新认识教师的知识构成，其中最关键的就是实践知识。校本培训是一种培训模式，其根本立足点是本校本岗，将"学习、研究、实践"三个方面融为一体。这一模式强调教师专业化发展的知识基础就是教师的实践知识，而出发点则是工作实践需求。它对教师起到了很好的激励作用，推动教师不断进行自我学习。

第四节　现代职业教育"双师型"教师的内涵与培养途径

一、"双师型"教师的内涵

到目前为止，学术界对于"双师型"教师的内涵，仍然没有一个统一的定论。但是，教育部高等教育司曾对具有"双师"素质的教师应符合的条件做出过具体的阐述。以此为依据并结合国内各高职院校普遍认可的"双师型"教师资格的认定方式，我们可以归纳出其内涵：①教师要具有相关的职称或者证书，即与本专业同系列的技术职称或岗位资格（技能）证书；②教师没有取得相应的技术职务，但已经具备了相应的素质，即在实际专业技术领域任职的相关技术人员的素质；③已经具有"双师素质"的教师。

二、"双师型"教师的培养途径

（一）转变观念

首先，教师要积极进行自身观念的转变，积极主动争取成为"双师型"教师。当前，职业学校的教师普遍存在观念落后的问题。一些教师只专注于搞学术研究，认为最重要的就是学习理论知识，而忽视了实践的重要性，从而难以适应时代的需求。另外，还有一些教师只关注技能的培养，认为这才是最关键的。这些教师对于理论知识水平的提高表现出一种抵触情绪，不愿意以此来提高自己的学历层次。所以，为了推动"双师型"教师队伍的建设，教师必须要转变观念、统一思想。这是首要任务。同时，教师也要对成为"双师型"教师的重要性和必要性要有一个清楚的认识。对于高职院校的教师而言，其不仅要像一般的教师一样具有传授理论知识的能力，而且要拥有技术应用能力，并能把理论与实践结合起来。"双师型"教师要积极提高自身综合能力，使自己具备多种能力和素质，在此基础上把自己的学生培养成高素质的人才。

其次，对于学校而言，其也要积极转变自身观念。尤其是校领导要更加深入地认识加强"双师型"教师队伍建设的重要性。在加强"双师型"教师队伍建设的过程中，转变观念、提高认识发挥着基础性作用。现在，仍然有许多高职院校的领导难以充分认识到"双师型"教师队伍建设的重要意义，从而忽视"双师型"教师的培养。职业教育不同于普通教育，具有一定的特殊性，所以那些只具备一般素质的教师是难以胜任这份工作的。因此，高职院校的相关领导要积极转变自身观念，重视"双师型"教师队伍的建设并且充分认识其重要意义。高职院校要确保制度的建立、规划的制订和经费保障，以此来推动"双师型"教师的培养，充分调动起教师的积极性。

可以说，要进一步加强我国"双师型"教师队伍建设工作，转变观念则是首要任务，国家要对高职教师给予重新定位和认识，通过转变观念、大力扶持，进一步提高我国"双师型"教师的数量和水平。高质量的职业教育、高素质的技能型人才，取决于一流的师资。因此，全社会都应该认识到职业教育对社会经济发展的重要推动作用，必须转变观念，并对"双师型"教师队伍建设在高职发展中的重要作用有一个深入的认识，同时，要加强对"双师型"教师重大作用的宣传。通过宣传，改变社会上轻职业教育、重本科教育，以学校层次认定教师能力的偏见，为营造"双师型"教师建设的良好氛围做好舆论宣传。

（二）加大建设"双师型"教师队伍的力度

第一，在源头上对新上岗教师进行严格把关。现在，高职院校主要通过在职教师培训的方式实现"双师型"教师培养。虽然使用这种方式能够很短的时间内见到成效，但是从长远来看，难以从根本上解决"双师型"教师队伍建设的问题。为了使问题真正地得以解决，就要从源头上把好新上岗教师的入口关。为此，要做到以下几点。首先，要对人才准入渠道实行严格审核。职业学校应主要引进职业技术师范院校的学生。这样做的主要原因是这些学生已经在学校同时学到了普通高校教授的文化理论知识以及专职院校教授的实践技能，已经具备了师范生的基本素质。他们可以将实践和理论很好地结合起来，由此可以看出，他们在成为"双师型"教师上具有极大的潜力。其次，职业学校要严格考核那些普高的应届毕业生，在衡量人才的过程中，不能只看重学术成果并将其作为唯一的标准；对于那些"只会说，不会做"的人不能允许其留校，而只允许复合型人才留校。

第二，培养与引进相结合，建立专兼结合的"双师型"教师队伍。职业院校为了使本校的专业课教师的技能得到全面提升，必须要对相关教师进行培训，加强其专业技能和实践能力的培养。但是如今，我国的职业院校面临着教师短缺的困境。为了改善这一现状，同时使"双师型"教师的比例得以提高，职业学校必须使企业单位中的能工巧匠充实到教师队伍中去。这些人往往拥有较好的理论水平和熟练的操作技能，能够从事教育工作。招收他们做专职或兼职教师可以使教师短缺的问题得到有效的缓解，同时能够使教师实践经验少、技能短缺的现状得到有效的改善。并且专职教师可以引导他们提高自己的授课技巧。职业学校把培养与引进有效地结合起来，使专兼职教师互帮互助，汲取长处、弥补短处，可以推动"双师型"教师队伍的建设，使队伍中的教师拥有较高的教学水平、较强的实践能力，并且能够实现专兼职结合。

第三，国家应该以综合性大学为依托，建立高等职业技术师范学院。对于这种学院而言，从学制角度来讲，它与大学相关专业是基本相同的，而专业知识的应用和高等师范教育是它的主要教学内容。并且它同时注重理论与实践，且注重二者的密切结合。毕业的学生在经过 $1 \sim 2$ 年的实习期且取得合格的考核成绩后，才被允许独立执教。一般情况下，由此培养出来的教师是可以符合"双师型"要求的。

第四，建立产、学、研一体化的交流机制。这里所说的产、学、研相结合指的是一个过程，即促进知识相互扩散、相互集成，进而推动知识创造的过程。对于知识创造而言，"产"为其提供了相应的实践锻炼和应用的场所，"学"为其提供了不断变化的途径，而"研"则为其提供了不断前进的动力。通过这一过程，可以实现新的知识和技术的创造，同时可以在实践中对这些创造出来的东西进行检验，保证知识的不断形成和积累。具体来讲，包括以下几种做法：教师和学生共同参与统一设立的研究项目，由此把理论、实践以及个人的经验结合起来，并且不断攻克新的项目，以此来收获更多的经验及教训，从而使得师生的专业知识更加丰富，同时也能使他们的技能得到较好地锻炼；学校与企事业单位双方互派人员，进行相互交流和学习，从而注入新的思想和工作方式。

第五，高校与企业双方联手，共同办学。职业学校应调动企业的积极性，使其参与到"双师型"教师的培养中去。对于职业学校"双师型"教师队伍的建设，这种联合办学的模式是其发展的一种必然的结果。学校可以通过这种办学模式以企业为依托使自身实践能力不足的情况得到改善。同时，企业可以对学校的新能源和新技术加以利用，从而在市场竞争中取得更大的优势。学校和企业紧密联系，相辅相成，共同发展。很多职业学校教师都是普高的毕业生，一般来讲，他们都具备丰富的理论知识和扎实的专业课基础，但是由于传统教学模式的影响，他们往往缺乏动手实践能力和相关的技能。在这种情况下，校企合作的方式具有重要意义，不仅可以使教师自身的能动性得到充分发挥，而且可以以社会和市场的要求为依据，使得教学方法进一步优化，教学内容进一步完善。

第六，对于"双师型"教师的培养经费，国家应该加大投入。"双师型"教师队伍的建设会对能否培养出社会所需的全能型人才产生直接的影响。就这一点来说，它是与国家的建设和发展息息相关的。目前，资金的缺乏严重制约了"双师型"教师队伍的建设与发展。所以，对于"双师型"教师队伍的建设，国家必须加大相关的经费投入，确立相应的培养基金和管理机构，以实现对经费的管理，在给各培训基地拨付经费时，必须以制定的分配相关政策为依据、按一定比例进行分配，从而逐步建立起一种多渠道的经费投入机制。并且这一机制必须由中央进行引导、由地方配套且有企业和学校双方的共同参与。国家应给予教师一定的鼓励与支持，促使其深入企业单位，进行顶岗实践和参加有关的技能培训。

第七，努力开展产、学、研活动。职业学校要使校内外的人才和教育资源充分利用起来，推动广泛的产、学结合活动的开展，自觉主动地把"学"与"产"二者衔接起来；要注意把教学、生产和研发三者结合起来，在各项教育教学活动中彰显出理论和实践、设计与生产、教学与研究等多方面的内容，设置真实的情境并使师生都置身其中，从而实现师生教学相长。这一方面推动了学生的综合职业能力的培养，另一方面使得教师的教学水平进一步提高。

（三）建立相应的评价与激励机制

评价是教师队伍管理的重要环节。职业学校通过评价可以对教师培训提高的结果给予判定，进而优化现有教师结构。评价既要及时、有效，又要科学、有针对性。忽视了及时评价，会使部分教师把学校工作视为"第二职业"，而把校外的兼职和办实业视作"主业"，不安心进行本职工作；忽视科学评价，对于职业教师跟普通高校的教师进行使用同一个标准，将会造成职业教师拼命追求学历达标、论文发表，而没有精力钻研专业技能和提升实践能力。

"双师型"教师培养与评价激励机制之间的关系处理得是否得当，会对其教师队伍建设的成效产生直接的影响。若职业学校建立起正确、科学的评价激励机制，则可以对"双师型"教师的培养起到有效的推动作用；反之，"双师型"教师的培养又可以对评价激励机制的完善起到很好的促进作用。因此，职业学校可以采取两方面的举措来推动"双师型"师资队伍的建设。

一方面，职业学校应以"双师型"教师的特殊性为依据，在考虑本校实际情况的基础上，制定出相关的教师职称评审标准及制度，改变以往只注重学术的考核方式，实行技能和学术考核并重的考核办法，从而使职业教育对"双师型"教师的素质要求充分体现出来。要想推动"双师型"教师队伍的建设，促使教师实践教学的主动性和积极性进一步提高，改变现在这种"重视论文和研究，轻视教学和应用"的局面，就必须做到同时注重技能应用和理论知识，并将二者放在同等重要的位置上。

另一方面，职业学校也应该建立完整的激励制度，可以在待遇、政策等方面适当地向"双师型"教师倾斜，给予其更好的待遇与政策支持。对于教师的职务岗位，职业学校要科学合理地进行设置，进一步加强聘任和聘后管理。在同等的条件下，如果有职称晋升和骨干培养的机会，那么，职业学校要将"双师型"教师作为优先考虑的对象。职业学校应设立相应的奖励基金，给予教师一种鼓励和支持，促使其更多地参与到科学研究和实践技能应用的活动中去，从而推动激励机制的形成，最终使其他教师都以"双师型"教师为榜样，推动其主动性与积极性进一步提高，推动"双师型"教师队伍建设的步伐进一步加快。通过这种方式，教师可以在许多方面获得更好的条件，从而推动高职院校"双师型"教师队伍的建设。

对于职教教师专业化发展而言，"双师型"教师并非其理想形态。在专业理论知识和专业实践能力方面，理想的职教教师应具备的是两方面整合而成的"一"，而非上述的"双"。因此可以说，在我国职教教师队伍的建设过程中，"双师型"只是一个过渡阶段，而非终极目标。我国要在对以往经验进行总结的基础上，借鉴国外的相关理论与实践，推动职业教育教师资格标准的建立和完善，尽快实现职业教育专业教师队伍模式的转型，即从现在的"'双师型'+兼职教师"模式，经过二元化"双师型"师资的过渡形态，最终形成专兼职结合的师资队伍，并且要注意最终形成的这一队伍一定要以科学合理的职业教育教师资格标准为基础。

第七章 现代职业教育的质量评价与保障

提高教育质量已经成为各国、各地区发展本国和本地区综合实力、提升公民素质的主要途径。我国政府已经将全面提高教学质量作为实施科教兴国战略的基本要求，作为提高高等职业教育质量的重要措施。教育质量评价与保障体系对高等职业教育质量的提升效果显著，得到了教育行政部门和院校自身的重视。

第一节 国外职业教育的质量评价与保障体系

一、职业教育质量评价与保障体系的意义

（一）有利于提高职业学校的教育质量

教育的质量是职业院校发展的命脉，也是办学水平高低的主要衡量标准，关系到学校的生死存亡。

职业院校应重视教育的质量。完善质量评价与保障体系，可以弥补职业院校对教育质量状况认识模糊的缺陷，从而使得提升教育质量的措施更加具有针对性与可行性。

（二）有利于教育部门采取有效的应对措施

行政部门通过评价结果能够客观地了解到职业教育的一些基本情况。通过这一途径了解到职业院校的真实水平，教育部门才能更有针对性地采取一定的教育改革措施，促进职业教育的发展，使其能够为国家经济等诸多方面的发展提供所需的人才。

（三）有利于社会、企业和学生了解职业院校

职业院校作为培养高素质专业性人才的核心力量，需要得到全社会的认可，

尤其是学生和企业的认可。质量评价与保障体系对职业教育质量进行全方位的考察，可以使企业和学生充分认识和了解各职业院校，从而选择适合自身发展的职业院校。

二、英国高等职业教育质量评价与保障体系

作为世界发达国家之一，英国的职业教育发展水平较高，并且形成了学历文凭证书与职业资格证书并用的制度。在英国职业教育发展过程中，有效的保障体系与合理的质量评价体系起到了决定性作用，因此很多教育机构都将英国国家职业资格奉为统一标准。

（一）评价与保障制度

英国国家职业资格委员会于1988年推出了国家职业资格证书制度，即NVQ。NVQ是由产业指导机构为主体开发而成的，是由各行业精英人士、行会组织、教育机构专业人士共同开发的。经过各界人士的积极探讨与意见建议整合后，再经过反复的实践验证，NVQ最终才走向社会。

（二）基本内容

英国的职业教育质量评价和保障体系所涉及的内容主要有三个方面。

1. 关键能力

关键能力关系到劳动者未来发展。个体劳动者非常需要这样的能力，以此使得自己能够在竞争白热化的劳动力市场中展现自己更强的工作能力，成功找到或更换工作。

2. 专业基础知识

专业基础知识是个体劳动者所必须具备的知识。个体劳动者需要有与其想从事的职业相关的基础知识与理解能力，才能提升专业技能。

3. 专业技能

所谓专业技能，就是指个体劳动者在工作中需要从事该项工作所应具备的具体相关能力。

（三）实施程序

英国将质量评价与保障体系分为内、外两部分。内部质量评价与保障体系一般情况下由学生所在的学校或培训中心的任职教师进行评测，其质量检测内容主要是学生的学习状况、工作情况、调研活动等方面的情况。而外部质量评

测与保障体系则主要是由专门的派遣人士前来评测。他们采取不同的考核形式对学生进行评价和打分。

三、美国高等职业教育质量评价与保障体系

19世纪末，美国的职业技术教育开始逐渐向制度化发展。进入20世纪后，教育体系发展日益完善，其功能性也变得很强，逐渐成了美国社会发展进步的助力器。美国经济也因此受益，得到了快速发展，成了美国社会的重要组成部分。

美国的社区学院是职业教育的载体，具有面向大众的特点以及地区性与职业性等特色。美国教育部门从来不会对任何学校进行认证一类的活动，但是教育部门必须公布符合国家标准、质量可靠的所有认证机构。美国主要通过政府机关部门认可的第三方中介组织来进行教育质量与保障任务。

（一）组织机构

美国的职业教育质量评价与保障体系主要由中介机构负责，这些中介机构可以分为三个类别。

1. 全国类

美国全国类院校认证机构共有6所，其主要负责认证远程教育学校（网络教育学校）、私立性质的职业学校。

2. 地区类

地区类的院校认证机构，一共有8所，其主要具备认证两年或四年制学校的所有职能。

3. 专业和职业类

在美国全境内，专业和职业类认证机构共50多个，主要负责认证学校的专业以及职业性学校。

为了保证质量，美国联邦教育部门或者是高等教育认证协会每五年会进行一次评估工作，届时，未通过申请的认证机构便将不再有资格展开对院校的评估工作。

（二）基本内容

美国的批准与认证是存在一定区别的。当一所学校申请成立时，需要政府批准方才能够通过。这与成立公司是一样的，只要符合条件即可。通过了政府的批准，学校便可以招生。而认证则是指由美国政府认证颁布的机构对学校的教育教学质量进行评价。评价结果是人们对该学校文凭"含金量"的重要标准。

美国质量评估机构主要评估以下内容。

①学校办学目标是否明确，培养方向是否清晰。

②学校的信誉情况。

③学校是否建立了完善的内部评价保障体系，各类规章制度是否健全。

④学校的人员框架结构是否合理，以及师资队伍的建设情况。

⑤学校的教学质量、教学计划与课程设置是否达到预期。

⑥学校的教学设备是否能够达到教学要求。

（三）实施程序

美国认证机构主要实施以下两种程序——首次认证与继续认证。

1. 首次认证

首次认证是指学校在成立初期接受的第一次评估，需要向认证机构提出申请。在接到申请之后，认证机构将成立相关的评估专家小组，前往学校进行初步认证。在得到"基本资格"之后，学校便可按照继续认证的程序进行下一步。

2. 继续认证

首次认证通过后，学校还需要进行继续认证。继续认证主要分为六个步骤。

①需要被认证的学校在评估专家进校前的一年半内准备一份全面、详细的自我评价报告。

②评估专家小组进驻学校进行全面考察。

③两个月后，评估专家小组做出正式评估报告，并与被评价学校就报告中的数据进行全方位核实。

④评估专家小组将评估报告提交给认证机构委员会，并就评估结果以及需要改进的地方提出意见建议。

⑤认证机构委员会将在下一次季度总结会议上进行讨论，以投票的方式表决是否授予该学校"认证通过"的资格。

⑥认证机构委员会将结果通告给校方，并且将会在网上、出版报刊上向公众公布。

通过认证的学校的教育教学质量都可以得到充分的保障，进而实现美国高等职业教育的不断提高。

四、法国高等职业教育质量评价与保障体系

法国与美国不同的是，其教育质量评价与保障活动主要由政府进行。这与法国传统的中央集权制度有着直接关系。政府部门所主导的教育质量评价与保

障体系在判定职业院校是否达到办学基本标准上具有很强的法律效力。若学校办学水平达不到办学标准，那么这个学校将不得从事职业教育。

（一）组织机构

1984 年，法国政府成立了国家评估委员会，标志着真正意义上的教育质量评价与保障体系就此开始。

国家评估委员会对法国高等教育机构进行全面综合评估，并在此基础上提出意见建议以增强其活动的有效性。作为一个相对独立的国家行政权力部门，国家评估委员会独立于政府，直接对总统负责。

另外，国家评估委员会也独立于所要评估的高等教育机构，它的教育质量评估活动意在加强学校的基础建设与自治管理，增强学校的责任感。国家评估委员会进行的教育质量评估主要包括以下三个方面的评估。

①对学校制度的评估。

②对专业质量的评估。

③对高等教育整体状况的总体评估。

国家评估委员会非常重视学校内部评估体系的建设。如果一个学校没有内部评估系统，那么将会被视为没有履行相应的责任。

国家评估委员会由 25 名委员、24 名行政管理人员构成，每两年进行人员更换。

（二）基本内容

法国职业高等教育评价与保障体系的基本内容主要如下。

①对教育教学质量的管理。

②对学校专业课程的建设。

③对学校的发展目标、改革规划、师资队伍建设、学生素质进行评价。

④对学校的地理位置，以及学校开展的与教育相关的活动进行评价，以尽可能保障评估的全面性。

（三）实施程序

法国国家评估委员会对学校的评估主要分为内部和外部评估。被评估的学校会在国家评估委员会的指导下提前准备一份内部评估报告。这一报告主要分析该学校的优势与劣势，以及对未来的期望。

外部评估同样是对被评估方的评价机构的回顾检查。国家评估委员会一般会以内部、外部相结合的方式进行评估报告的制作，并将其公布。国家评估委

员会一般以每五年为一个周期，对学校进行一次评论审查工作，每次的评估程序大约要持续一年。

五、荷兰高等职业教育质量评价与保障体系

1985 年，荷兰政府下达了文件《高等教育：自治与质量》。该文件对于荷兰的高等职业教育质量评价与保障体系具有巨大的历史意义。

该文件强调了学校的主要责任是要保障高等教育的质量、完善保障体系。过去，中央政府过度参与控制了高校的运行，使得高校在很多活动上都无法自由开展。这就导致了学校的效率低下，教育质量下降。因此荷兰中央政府将更多的自主权交还于高校，整体提高高校教育系统运转的效率与质量。至此，荷兰高等职业教育开始了由中央政府集权控制向高校自主当家作主过度的新时期。

（一）组织机构

1990 年，荷兰各高职院校联合成立了荷兰高等职业教育学院联合会（简称HBO），以用于对各高校进行教育质量评估工作，监督学校保障体系建设。值得一提的是，评估结果不与教育行政拨款有直接关系。

（二）基本内容

HBD 对高等职业院校内部进行评价的内容主要包括：①教学计划与课程设置；②师资队伍的水平；③职业技能的培养；④学校与国内国际的合作情况；⑤学校自身办学定位；⑥学校的教学任务以及教学目标；⑦学校自身的管理体制。

HBO 对职业院校的外部评估内容还包括学校周边环境的情况、社会民众的反馈等。

六、德国"双元制"职业教育质量外部评价体系

除了职业教育质量的内部控制管理，职业教育质量外部评价机制也是德国"双元制"职业教育保持高水平的利器。各联邦州均把质量外部评价作为各州职业教育质量保障与提升的工具，并在各州的教育法中做了明确的规定。外部评价有助于职业院校认清优势与劣势、机会与挑战，发现质量提升的需求，并在评价报告中的建议的基础上，达成学校与行会之间的目标协议。因此，质量外部评价并不是控制手段，而是通过条件分析达到咨询目的的一种工具。评价结果可用于学校自身的发展，能够使学校愿意暴露自身的不足及困难，使其能够主动接受外部评价。由此可见，德国职教质量外部评价的目的是提升职校的

质量。强化质量评价报告对质量提升的指导作用，不仅要揭示内部质量的实际情况，更重要的是要能够帮助职校确定有针对性的内部质量改进措施。

德国各州职业教育质量外部评价内容大体相同。以巴伐利亚州为例，在评价实施前，首先，行会利用 8 周的时间组织召开参评小组以及校领导、教师、学生代表、职教企业代表等参加的筹备会议，介绍被评价的职校信息，以及参评小组的参评理念、标准及流程，并确定时间节点。然后，对教师、学生、家长、企业进行问卷调查，利用 5 周的时间收集学校的基础数据、学生的成绩、学校与企业的合作状况、教学目标的实现情况等，参评小组对调查数据进行分析，准备现场巡查。接着，参评小组、校领导利用 2 周的时间共同设计学校现场巡查的组织计划，并进行为期 3 天的学校现场巡查，主要包括对学校周边环境进行考察、对课堂教育情况进行观察及访谈。接下来，参评团队利用 1 周的时间形成初步的评价报告，主要内容包括对评价的要求、理论依据、评价标准、佐证材料、行动建议等。然后，参评团队利用 3 周的时间与校领导、教师、学生代表、企业代表等磋商提出报告修改意见，经修改通过后，形成最终评价报告。最终评价报告除了要对每一项评价标准进行详细的分析外，还包括学校的优势和成就、待优化的领域和存在的问题、进一步发展的建议 3 个部分。最后，参评团队将最终评价报告提交给各州负责职教质量外部评价的机构，由质量机构对评价结果进行总结及比较分析。各州的职教质量外部评价机构分析所用的数据并不以单个职业学校为单位，而将所有学校视为整体，利用各项评价标准的均值进行统计分析，并将分析结果载入各州职业教育总体研究报告中，为职教质量的提升提供动力。

德国职业教育质量外部评价重视过程与结果的相结合，"软件"与"硬件"的相结合。在对教学过程的评价中，课程开发和专业教学法是两项重要的评价内容，因此参评团队在评价中会考查不通过课程开发和专业教学法的科学性与合理性，深入评价教学过程的运行、教学对象的描述、教学设计的理念以及提升教学效果的教学环境等。德国设置了学校工作绩效评价标准，并以利益相关方的满意度和学生能力水平为衡量工作绩效的重要指标。通过外部评价，德国从联邦、州、学校 3 个层面都极为重视的教学过程得以强化。先进的课程开发和教学设计也正是德国职业教育能够培养出学生关键能力的重要原因，是德国职业教育的成功之本。在对过程与结果的评价中，参评团队不仅注重对教育质量产生决定性影响的客观物质条件，如学习及工作条件等硬性因素，还注重领导力、学校文化及学习气氛等软性因素。这些软环境的改善有助于增强学生的自我认同感。

七、国外职业教育质量评价特点

国外经济发达国家职业教育发展较成熟。国情的不同导致各国的评价体系也不尽相同。但各国国家的职业教育教学评价还是有相同的特点的。

（一）多元化的评价主体

国外职业教育评价各具特点，主要有以政府为主体、以社会为主体和以企业为主体的三种评价模式。但从总体上说，国外职业教育评价引入了第三方评价，采用了多元化的评价主体，保证了职业教育教学质量的客观性。

英国及美国的职业教育质量评价模式以社会为主体。在英国，高等教育协会、高等教育质量保证署、国家职业资格委员会等机构是在政府政策指导下进行职业教育质量评价。这些机构独立于政府及高校之外，向政府及大众提供翔实、客观的职业教育评价信息。美国的职业教育评价由政府认可的第三方中介组织进行。这些评价组织具有私立、非营利的特点，各州教育协调机构与评价组织密切合作，以保障职业教育的质量。

以双元制著称的德国的职业教育质量评价遵循企业的评价标准。其职业教育质量评价活动由行业协会组织，国家、企业、社会团体同时参与。而企业是德国职业教育评价的主体，在评价过程中保障职业教育的质量，同时享受职业教育带来的成果以促进发展。

（二）多方面的评价内容

国外职业教育质量评价不仅仅关注学习者能胜任岗位的动手操作能力，同时注重学习者的理论基础、综合能力、从业能力、关键能力等方面，包括多方面的评价内容。

英国的职业教育评价的内容主要有三方面：关键能力、专业基础知识和专业技能。1999年，英国资格与课程开发署制订了六项关键能力：交流能力、数字应用能力、信息技术能力、问题解决能力、自我提高能力、与他人合作能力。专业基础知识主要偏向于职业所需理论知识，专业技能则偏向于实践能力。

美国职业教育质量评价制度以能力为本位，对学习者的评价注重实际工作需求及理论知识的实际应用。

德国的职业教育质量评价以"职业能力"为核心，同时注重学生经验的积累与实践能力的提高。

（三）统一的评价标准

国外职业教育质量评价实行的是较统一的评价标准，如澳大利亚、英国、德国采用的是全国统一的职业资格评价标准，美国实行的是各州统一的职业教育评价标准。但这种统一的评价标准与建构主义中多维化的评价标准并不冲突。这种统一的评价标准是全国统一的职业教育质量评价标准。它本身就是建构主义教学评价观的体现。

英国的职业教育质量评价采用的是全国统一的职业资格评价标准。英国职业教育质量评价的依据是由教育质量标准局制订的"共同评价框架"，并结合资格与学分框架，形成全国统一的职业教育评价标准。

（四）多样化的评价方式

建构主义教学观提倡使用多种评价方式。这点在国外职业教育评价中表现得尤为突出。国外各国职业教育评价方式均十分多样，在保证理论学习的基础上更加突出了职业教育评价的实践性和操作性。多样化的评价方式也是保证职业教育评价质量的原因之一。

英国的职业教育质量评价以学生为主体，重视学生自评，并结合外部评价。"任务法"的评价方式是职业技术教育很有特色的学习考核评估方法。"任务法"以实际工作为背景，采用讨论、课程研究案例分析、实验等活动方式，让学生拿出"课业论证"，显示学习成果。"任务法"具体包括课业考核法、课业＋笔记＋活动考核法、课业＋考试考核法、实验考核法。总体上说，英国职业教育质量评价方式以课业为主，多种形式并用。

德国的职业教育质量评价主要采用考试的方式。为了客观公正地评价，德国在外部评价过程中针对职业教育涉及的不同群体的特点主要采用五种方法进行数据的收集。

①观察法。

②文本分析法。

③问卷调查法。

④访谈法。

⑤现场巡查。

第二节　我国职业教育质量评价的未来发展方向

一、将职业教育纳入义务教育范畴

在德国和美国，职业教育是作为 12 年义务教育的一部分得以实行的。尤其是德国，早在 19 世纪 70 年代就以法律的形式将职业教育列入义务教育的范围。更是通过立法规定，凡完成普通义务教育的 18 岁以下青年，不管是否已经就业，都必须再接受义务职业教育。同样，美国也规定职业教育为义务教育，并逐渐扩大教育对象的范围，包括退伍军人、特殊就业障碍人士及经济地位低下的群体等。在德、美两国，中等职业教育基本实现义务化、普及化和大众化，全民都有接受义务职业教育的权利。

在我国，9 年制义务教育只包括公立的小学和中学，中等职业教育并不属于义务教育之内。学生在初中毕业后可以选择继续升入高中学习或进入中等职业学校。虽然高中与中等职业教育都不属于义务教育范畴，但两者的学费却相差甚远。对于一些经济条件不太好的家庭，学生初中毕业后本想到职业学校学习一些专业技术，早些就业为家里减轻经济负担，但由于职业学校的学费太高而不得不选择继续升入高中，但高中毕业后又无能力再读大学，被迫提前就业，仅有一张高中文凭却无一技之长，很难找到合适的工作。这就使学生处于一个尴尬的就业境地。

因此，我国可以效仿德国和美国，将义务教育的范围扩大到中等职业教育，实行"9+3"模式，即在 9 年义务教育的基础上，再为学生提供 3 年的义务职业教育。这样一来，家庭经济困难的学生就不用再为职业学校的学费而发愁，可以就读职业学校，学习谋生的专业技能，减轻家庭负担。2009 年我国开始逐步推行中等职业教育免费制度，2012 年，将享受免学费政策的对象范围扩大到所有农村学生、城市涉农专业学生和家庭经济困难学生。虽然目前我国对中等职业教育实行了免费制度，但还只是对部分省份的部分学生实行免费，还不能被称为完全免费的义务教育。所以我国应该尽早出台相关的法律法规，将中等职业教育义务化，使人人都能自愿选择就读，实现教育的入学公平。此外，中等职业教育的义务对象不仅仅针对初中毕业生，还应包括社会上的失业青年，为失业者提供一个再学习、再就业的机会，降低社会失业率，真正实现"使无业者有业"的职业教育理念。

二、采用学校与企业合作办学的教育模式

德国职业教育的"双元制"是一种在法律框架内的国家与企业紧密合作的教育制度，它的特点之一就是学生在进入职业学校之前，必须与某家企业签订培训合同，同时具备学生和学徒的双重身份。学生在考核合格后可获得学业证书和专业技能证书，并可以选择到培训企业工作。"双元制"为职业学校的学生提供了实习的场所，有效提高了学生的实践能力，理论教学时间与实训时间

的比例大约为 1 : 2。

学生在企业培训期间，由企业承担培训费用。中等职业教育的经费中大约有 85% 来自企业资助。这在一定程度上减轻了国家的财政负担。美国也采用过类似的企业合作办学模式。但与德国有所不同的是，美国的中等职业学校与企业的合作更为密切，学校会派教师到企业进行监管，与企业人员共同制订学生培训计划，双方相互协作。这种学校与企业合作的办学模式，不仅提高了职业学校学生的实践动手能力，为学生提供了更多的就业机会，还减轻了政府的财政负担。而在我国，中等职业学校是由政府、学校和企业三方共同合作，但三方在各方面的目标不太一致。

政府希望节省办学经费，以最少的投入获得最大的收益；学校是为了获得更多更好的办学资源，提升学校的教学质量和校方形象；而企业则为了要获得更多的经济利益，实现人力资源的最优化。政府、学校和企业的发展要求基本脱节，再加上缺乏沟通，因此要合作起来就比较困难。目前，大多数中等职业学校所采用的校企合作模式较为单一，还处于浅层次的合作阶段。学校只是在专业方向上按企业的要求来进行，与企业签订实习合作合同，在企业建立实习基地，由企业自行安排实习内容。这样的模式导致学校的理论课程与企业的实习脱节，学生缺乏系统的训练。学生在毕业参加工作后，许多用人单位还得对新员工再次培训，浪费了大量的人力、物力和财力，致使企业对校企合作的培养模式产生怀疑，不愿再参与职业教育的合作培养方案。

企业对中等职业教育中三类学校进行投资，即中等专业学校、技工学校和职业中学。2005 年，企业对这三类学校的经费投入都属于正增长，增长率分别为 3.00%、11.75% 和 34.66%，其中职业中学的经费增长速度最快。但到了 2006 年，企业除对中等专业学校的经费投入增长了之外，对其余两类学校的投入都出现了负增长的情况。从这些数据中我们可以看出，企业对中等职业教育的经费投入在逐步减少。

针对这些问题，我国可以采用德国的"双元制"职业教育模式，通过政府立法让职业学校与企业合作办学。学校负责对学生进行知识理论方面的教育，企业则负责对学生进行技术指导。由于职业学校的学生具有实践性和技术性的特点，因此，我国应该安排学生在校学习与在企业实习的时间比例为 1 : 2，增加学生在企业实习的时间；同时，要加强学校与企业之间的沟通。在这点上，我国可以向美国学习。学校应派教师到企业进行监督，参与制订学生的实习培训计划。同样，企业也可派技术人员参与校方有关课程内容方面的设置。另外，针对职业学校专业多的特点，我国在合作企业选择上也应该做到多样化，努力

实现所有专业都有相对应的实践企业或场所。不仅如此，学生在企业的培训经费应由企业自行承担，以减轻政府的财政负担。为了鼓励企业积极参与校企合作，政府应给予企业一定的优惠政策，比如减免税收等。只有校企双方密切合作，才能达成共同的培养目标，使利益最大化。

三、加大政府对职业教育的经费投入

从1980年至今，德国政府对中等职业教育的经费投入呈现成倍递增的趋势，对中等职业教育的经费投入约占总教育投入的1/5，与高等教育持平，略低于普通教育的经费投入。有了政府的大力资助，德国中等职业教育得到了快速稳定的发展。而美国更是将教育总经费的1/3用于发展中等职业教育，并在立法中多次提及为中等职业教育提供专项拨款。2008年，美国对中等职业教育的拨款达到10亿美元，在未来的10年内更是准备投入120亿美元来发展职业教育。从德国和美国政府的教育经费投入来看，两国都十分重视中等职业教育，对中等职业教育的经费投入远高于对其他教育类型的经费投入。

2001～2006年，我国对中等职业教育的总经费投入呈逐渐上升的趋势，并且增长速度越来越快。其中2006年的增长速度最快，比上年增长了14.61％。但中等职业教育总经费在全国GDP中所占比例却不大，基本上在0.3％～0.4％，而且呈逐年下降的趋势。从以上两组数据可以看出，虽然中等职业教育的总经费投入越来越多，但占全国GDP的比例却越来越小，经费投入水平与国民经济发展水平不平衡。反映教育投入的另一个指标——生均经费投入在这6年比较不稳定，忽高忽低。生均经费投入在2003年达到最高值3776元，而2005年却最低，只有3554元，2004年和2005年甚至出现了负增长。生均经费投入还反映了招生和经费投入的关系，以及教育的质量，因此扩招要以充足的经费作保障。此外，2003年，我国教育部和财政部在中央财政专项经费中，拨款2000万元用于中等职业学校贫困家庭学生的助学工作；2006年，教育部对中等职业学校学生的助学金专项拨款增至8亿元。之后，我国将根据经济发展水平和财力状况适时调整资助标准。

虽然我国政府对中等职业教育投入了不少经费，但仍然存在一些不足之处。我国可以参考德国和美国的做法，加大政府对中等职业教育的经费投入，提高此项经费在全国GDP中的比例，各项指标呈逐年递增的发展趋势；另外，增加助学金的金额和名额，并将资助对象的范围扩大至全体学生，而不仅限于农村家庭困难学生，真正实现教育资助公平。

四、增加地方政府与职业教育扶持

德国和美国都属于联邦政体，除联邦政府有基本立法外，各州政府也会根据各自的情况制定法律法规。因此，在对中等职业教育的经费投入上，联邦政府和各州政府都有相应的法律法规。例如，在 19 世纪上半期，美国就已经出现了州政府资助中等职业教育的法律法规。地方政府参与中等职业教育的经费扶助，一方面可以减轻国家的财政负担，另一方面还可以加强地方政府对中等职业教育的管理。而德国的经费投入更是由州政府和地方办学机构共同承担的。州政府负责公立中等职业学校教师工资和养老金等费用，对承认的私立学校也要给予一定的补助。在德国中等职业教育的经费投入问题上，州政府担负着艰巨的任务。同样，我国中等职业教育免学费补助资金由各级财政共同分担，中央财政统一按照每生每年 2000 元的标准与地方财政按比例分担。其中，对西部地区，不分生源，中央与地方分担比例为 8 ∶ 2；对中部地区，生源地为西部地区的，中央与地方分担比例为 8 ∶ 2，生源地为其他地区的，中央与地方分担比例为 6 ∶ 4；对东部地区，生源地为西部地区和中部地区的，中央与地方分担比例分别为 8 ∶ 2 和 6 ∶ 4，生源地为东部地区的，中央与地方分担比例分省（市）确定。地方各级财政承担的免学费补助资金，由省级财政统筹落实。

虽然我国也存在中央财政和地方财政共同分担中等职业教育免学费补助资金的情况，但地方财政的分担比例并不高，占 20% ～ 40%，因各地区和生源地的不同而有所区别。相比于德国，我国地方政府对中等职业教育的经费投入非常少。这也反映出地方政府对它的重视程度较低。这样将会导致地方与中央、地方与学校相脱离。因此，我们应该加大地方政府对中等职业教育的扶助力度，增加政府经费投入。这样不仅能节省国家财政经费，还能使地方政府更好地参与到中等职业教育中，为地方培养出更多更好的职业技术人才，推动地方经济的发展。另外，针对全国经济发展水平不平衡的局面，财政投入应留给地方政府伸缩的余地，各地方政府可以根据自身情况对中等职业教育进行拨款资助。

五、鼓励社会团体资助职业教育

早在 17 世纪初，美国就已经出现了社会资助中等职业教育的现象。那时的民间资助主要来自教区。教区向居民征收济贫税，用来救济那些无力谋生的贫民，并由教区组织失业者从事劳动，安排未成年的孤儿进行学习。虽然美国民间资助中等职业教育的形式出现得比较早，但由于民间资助的团体较少，财政经费来源渠道少，导致其发展的速度较慢。而在我国，从 2004 年到 2006 年，社会团体及个人对中等职业教育的资助大幅增长。2004～2006年，社会团体及个人对中等职业教育的资助呈正增长，其中对职业中学的经费投入最多，3年共计50多亿元，资助金额相对较稳定；技工学校获得的经费资助最少，但增长速度最快，2006年比2005年增长709.01％；中等专业学校获得的经费投入居中，发展较为稳定。从这些数据可以发现，社会团体及个人对中等职业教育的资助呈渐增势头，但对三类学校的资助十分不平衡，尤其是对技工学校，虽然加大了资助力度，但还不到总资助的一成。

针对以上这些问题，我国可以学习美国，通过立法的形式向社会团体和个人征收教育税，用于发展中等职业教育。另外，政府应该鼓励更多的社会团体及个人对中等职业教育提供资助，同时也要对中等专业学校、技工学校和职业中学的资助比例进行宏观调控，避免因经费投入不均衡而导致这三类学校发展不平衡，努力使三类学校能公平地得到财政资助，在平等的财政条件下发展教育。当然，对于参与资助的社会团体和个人，政府应给予一定的奖励。例如，社会团体和个人可以以资金入股的形式对中等职业学校进行经费资助，并从中获取一定的收益，以此来提高社会团体和个人参与的积极性。

六、加强对体系理论的研究与探讨

现阶段，我国大部分高职院校教学质量监控与评价的方式，往往沿用的是普通高校学历教育的评价模式，使得职业院校对培养目标的定位把握不准确，致使质量监控与评价在实际运作过程中契合度不高。教学质量监控与评价体系的科学构建必须以大量、充分的理论论证为基础，需要相关人员反复论证、认真思考研究。

政府部门应该重点解决高等职业教育的准入问题。第三方机构应该区分高等职业教育的不同水平。政府部门不应该过度地参与评估的直接过程，而应通过具有公信力的组织或者协会来对高职院校进行评估工作。政府部门应对评估组织的结果进行分析和判断，决定对高职院校进行拨款或者剥夺其办学资格等重要事项。这样可以保障评估公平、准确、高效。同时，第三方机构可以根据评估的结果和评估中的相关数据，对高职院校及专业进行非官方排名，使社会公众更直观地了解院校的教育质量，促进教育质量的不断提升。

七、注重学生的"学"

高等职业教育质量评价与保障体系的出发点和落脚点应当以"学生为本"，并由用人主体作为教育质量评价与保障的重要参与方。这两方面内容应当体现在教育质量评价与保障的各个环节之中。高等职业教育最终要培养适合用人单位需求的高端技能型人才，英国模式在这方面表现得较为突出，而且充分体现了对学生能力的考核，用人主体、行业组织是教育质量评价与保障的主要参与方。

在传统的教育教学观念中，教师是课堂的中心环节，处于教育事业的主导地位。教育质量评价不单单要重视教师的"授课"环节，更要重视学生对于教学的主观感受以及学生自己在"学"上的审视与评价。教育质量评价人员不但要考察和评价在教学过程中的一些基本要素，比如教学组织能力、教学用语、课堂互动环节与教学内容以及教学质量等，更应该考察和评论指导如何才能让学生认真听课、学习、练习以及反思等。教师应及时更新教学理念，注重课堂教学过程的优化，强调学生的主体地位，重视学习的过程，培养学生学习探究能力与独立思考的能力。

八、兼顾"他评"和"自评"

外部的治理与评价相当重要，但是内部的质量监控同样也不容人们所忽视。学校对于外部质量评价，如上级领导部门的评价，都应该重视起来，并投入大量的精力与时间去分析原因并找到解决的方案，力争在下次评价的时候得到领导的认可与好评。评价好坏的结果关系着学校的声誉问题、招生问题以及学生的就业问题等，所以，学校必须尽可能地获得优良的评价结果。但是实际上，学校的内部质量自我监控才是真正能够发现问题的环节，必须严格要求相关人员，按照规章制度办事，不能流行于形式。

第八章 我国高职创新教育的途径与保障体系

高职院校的创新教育随着时代和社会经济的发展不断变化。知识经济时代的高职院校的学生要具有综合的素质。高职院校要转变教育理念，改革教学模式，开展创新活动，营造良好的高校创新教育的校园环境，培养学生的综合能力、创新能力和创新精神。

第一节 高职创新教育的基本途径

一、加强教学改革

（一）建立高职创新教育观念

高职教育是高等教育的一个重要组成部分。在知识经济信息时代，高职院校也要建立创新观念，培养适应社会市场经济发展所需求的人才。高职院校的学生要掌握必备的基础理论知识，还要掌握专业知识和技能，具有健康的职业理想、良好的职业道德，具有开拓性实践创新能力和创业能力。高职院校要以培养学生的这些能力为中心，建立高职创新教育观念，加强教学改革。

（二）调整专业和课程设置体系

1. 调整原有专业，拓宽专业领域

依据高职教育创新教育观念，高职院校应调整专业设置以适应社会需求和产业结构调整的变化，拓宽专业领域和课程设置，为学生将来的职业转型提供基础，促进学生横向拓展能力和创新能力的提高。

2. 加强学生综合素质教育

马克思主义思想提出了人的全面发展，主要是指人的能力和综合素质的全面发展。高职教育也要使人社会化，强调教育要使人适应社会的发展，尤其是对于作为祖国未来、民族希望的高职院校的学生，更要促进其自身的全面发展，加强学生的综合素质教育。高职院校肩负着培养社会人才的重大任务。高职教育是培养人才的重要方式，要不断开发高职院校学生的创造潜能，培养他们的人文素养、创新意识和精神、创业能力、适应环境的能力，促进学生全面发展。高职创新教育在培养学生基本的素质和专业技能的同时，也要使高职院校学生的创新意识增强，通过提高学生的各方面综合能力，调整学生的知识、能力、素质结构，提高其综合素质。

3. 创新高职教育课程体系

高职创新教育教学改革要调整课程结构，模糊专业界限，加大实践新课程比重。我国高职教育受传统教育影响，过细地划分专业。这种课程体系使得学生知识面窄、知识结构单一、缺乏综合优势、缺乏创新精神。

高职创新教学改革就是要结合专业需要，开设创新学课程，帮助学生掌握创新的基本理论知识，使学生加强基础知识学习、优化知识和专业结构、突出学生的创新能力。高职院校应关注最新的科学研究成果，传递最新的科学概念，确立现代课程意识，建立课程评价体系，进而从总体上提高教学质量。

二、加强实践教学改革

实践教学在学生创新能力的培养方面有其得天独厚的优势。学生不可能在课堂上获得创新意识，而需要在实践中锻炼和熏陶。

（一）加强实践教学基地建设

我国要拓宽基地建设的投资渠道，融合社会资源解决基地建设中的资金短缺问题。学校要做好预算投资，寻求社会上的资金和校企合作。高职院校的实践教学基地要有企业的参与，要有基本企业生产管理元素。随着高职教育发展的不断深入，专业实践教学基地逐步增多，一般有校外实践基地和校内实践基地两类。

（二）调整实践教学内容

高职教育创新的实践教学要体现出实践教学内容实用性、教学内容的综合性和组合性。

1. 突出实践教学内容的实用性

高职教育教学的内容要满足社会经济发展和市场专业的需要，实践项目要以企业中实际的岗位为参考，调动学生学习专业知识的积极性，为学生进行技术创新奠定基础。

2. 突出实践教学内容的综合性

实践教学的综合性是指课程既要注重基础知识，又要突出专业技术知识，还要综合这些课程之间的关联性，让学生在综合知识的学习中能够全面理解和掌握专业知识。如计算机专业的网站建设课程，它涉及网络基础、网络操作系统、网页设计和数据库基础等多门相关课程的知识和技术，具有很强的知识综合性，因此，在该课程的实践教学内容的设置中，高职院校就应该充分考虑前期相关课程的知识在实践教学中的具体应用，同时，也应对这些相关课程在理论和实践教学内容的设置上提出相应的具体要求。

3. 突出实践教学内容的组合性

随着社会经济的发展和科学技术的进步，社会产业结构发生了变化，社会工作岗位的实际需要也发生了改变。社会需要不同知识结构和技术结构组合的专业人才。高职院校的实践教学创新也要进行专业技术组合，根据社会需要和学生个体的情况选择性地教学。实践教学内容按工作岗位需求进行分类组合，是未来实际工作的需要，也有利于创新教育的实施。

（三）改善实践教学模式

1. 建立开放的实践教学体系

（1）树立开放的教学观念

树立开放的教学观念，突出学生的主体地位，是在实践教学过程中实施创新教育的基础。确立实践教学的主体，实际上就是确立实践教学的中心和实践教学的服务对象。在整个的教学过程中，学生虽然是接受教育的对象，但他们在教学过程中的主体地位是不容忽视的。整个教学过程应该是围绕着让他们获得知识技能来进行的。他们在教学过程中的参与度与主动性，将直接影响着最终的教学效果，也直接影响他们的专业能力的获得与提高。所以，在实践教学过程中，只有真正确立了学生的主体位置，才能让学生充分发挥个人的主观能动性，独立完成实习实训任务，达到调动、提高他们创新的积极性的目的。

（2）创建开放的实践教学环境

创新教育的一个很重要的目的就是培养学生在专业上的独立和自主能力。学生专业实践能力的培养有赖于实践教学环境的开放性。实践教学环境的开放性，一是指实践教学设备、场地在时间和空间上，要最大限度地向学生开放，拓宽创新教育的时空；二是要求创设良好的实践教学管理环境。高职院校在管理机制上应充分考虑有利于开放式教学的实际需要来配置实践教学设备。实验室的设备配置，应该考虑教学内容和教学组织的灵活性。不同设备的搭配组合可满足不同实验项目的具体要求。

高职教育中的计算机网络实验室的组网实验，就应该允许学生根据自己的设计思路完成不同组合形式的组网方案实验，从而使学生能自主地选择实验方案来完成实践教学。实践教学设备在教学管理上应充分考虑学生的实际需求和设备的利用程度，努力提供正常教学以外的教学服务。在条件允许的情况下，有序地开放设备、开放实验室，可以让有兴趣的学生能得到一个自我学习的机会，也可以为学校的各个专业项目兴趣小组提供有一个良好的活动场所，从而培养学生的创新精神和创新能力。

2.建立循序渐进的教学模式

高职教育中的创新教育在建立循序渐进的教学模式的基础上，构建全程的创新能力教育教学体系，建设实践教学培养平台，培养学生的基本能力、实践能力和综合能力。

学生基本能力的培养，要让学生加深对基础理论知识的理解，掌握各种实验的操作技能和基本方法，培养学生科学实验的基本能力。培养实践能力实际上就是要培养学生综合应用所学的理论知识和实验技能解决实际问题的能力，优化课程设计和改进专业实习的教学方法，提高学生综合实践能力。

高职院校要利用选修课程的优势，采用设立创新基金等教学模式，开展学科竞赛，进行创新性的课题研究，帮助学生选择毕业设计，使不同潜质的学生都得到一定程度的创新能力的培养，在校园中培育出一种鼓励创新、积极创新的良好氛围，带动大多数学生主动关注和积极参与创新活动。

3.改进实践教学方法

高职创新教育的实践教学方法的改进，包括以下两方面。

①改善传统的实践教学目标。高职院校应将培养学生善于发现问题和思考问题纳入实践教学的目标之中，不能只关注针对专业知识的实践教学，更要积极培养学生的创新能力，使学生充分发挥潜能。

②采用讨论式的教学方法。结合学生多、指导教师少和实习分散的实际情况，采取教师讲授与学生讨论相结合的形式，启发学生结合科学技术发展和实习实际提出问题、分析问题和解决问题。改进实践教学考核方法，不但要考核学生的专业技能，还要考核他们的创新情况。建立创新激励机制，及时奖励对某个问题有创意的学生。

（四）走产、学、研结合之路

所谓高职教育产、学、研结合，是指学校与用人单位合作共同培养具有全面素质的人才，是与只强调知识传授和理解的教学模式相区别的教育模式。

我国要加大为在校生提供社会实践、就业见习和创业机会的力度，通过加强校企合作和产、学、研相结合，构筑用人单位、学校和学生间的桥梁，提高学生的综合素质，为学生顺利就业和创业提供更多的能力资本。这种联合办学可使校企双方获得良性互动，可以实现"双赢"的效应。

可见，在某种意义上，"产、学、研结合"是高职教育更高层次的实践教学模式。走产、学、研结合之路，创新实践教学，可实现更深层次的创新教育。走产、学、研结合之路，加强学校与企业、科研机构之间的合作，使学生的创新能力在科研、生产的实践中得到培养与提高，是面向知识经济时代培养创新人才的新型方式。高职教育应积极探索产、学、研结合之路，引导学生运用产、学、研结合平台进行科学研究，使其置身于科学发展的前沿，在科研中发现自己，培养创新能力。

三、推行通识教育，拓宽创新教育渠道

（一）通识教育概述

通识教育相对专业教育、技能教育而言，是一种培养人精神品格的教育，对培养高职创新人才具有十分重要的特殊作用。自19世纪以来，在欧美一直流行通识教育与专业教育相结合的培养模式。近几年，我国仅在普通高校开始探索通识教育，一般高职院校基本还未涉及。鉴于形势的发展，高职院校也应推行通识教育，拓宽高职创新教育渠道。

通识教育即普通教育，是一种在科学、人文、艺术等方面对学生进行的全面素质教育，对于高职院校来说就是文化素质教育。19世纪初，美国的帕卡德教授首次提出通识教育，他把通识教育和大学教育联系起来，主要针对日益过度的专业教育。我国学者李曼丽在《通识教育——一种大学教育观》一书中对此做出了详细分析，初步构建了通识教育的概念，从通识教育的性质、目的和内容三个方面做出了阐述。

通识教育主要有技能性、目的性和文化性三大目标，强调学生对自然、社会和人文科学的学习和探究，培养学生的思维能力和沟通能力，关注人类的自然环境发展，培养学生的人文素养，使其树立正确的人生观。通识教育相比于高职教育，具有学生获取知识的广阔性、获得基本知识和技能的基础性、拓展

和提高学生的思维和理性认识的深刻性。

（二）通识教育对培养高职创新人才的作用

1. 可以让学生学习必要的基础知识

高职通识教育形式多样。学生学习的是必要的基础知识，接受必要的文化教育，涉及各个领域的文科、理科知识，通过让学生进行课堂内外的必修课和选修课的全面学习，扩大学生的知识面，开阔学生的视野；在基础知识学习的基础上，整合创造出新的知识技能，也丰富了学生的智能储备。

2. 营造宽松的环境

通识教育可以营造宽松和谐的校园环境，利用教育的潜在力量，通过多样化的教学模式和个别化的教学方法，提供多种学科的知识教学和丰富多彩的课外活动，满足全体学生的各种需要和多方面的兴趣，尊重学生的个性发展，充分开发学生的创造潜能，培养学生的创造性思维，提高学生的创新能力。

3. 可以使形成良好的品格

通识教育对培养高职创新人才的作用，还体现在使学生树立远大的理想和具备高度的社会责任感，激发学生的创新激情，丰富学生的想象力，促进学生个体的创新思维的发展，创造性地解决问题，加强学生的思想素质教育，使之形成良好的品格，从而为学生进行创新活动提供强大动力。

总之，我国要推行通识教育以培养高职创新人才的基本思路，转变教育观念，走通专结合之路，构建合理的教学体系；深化教学改革，优化通识教育视野下的创新人才育人环境，加大理论教学改革力度；建立启迪、诱导、激发的教学模式；采取能够发挥学生的主观能动性的实践教学模式；建立和谐的校园文化环境，创建高品位的校园文化，构建和谐的创新环境。

四、开展创新活动

高职院校需结合高职教育的特点，通过开展一系列创新活动，形成创新教育的基础与支撑，让学生展示其创新能力，不断产生创新成果，更好地帮助他们提高创新兴趣，保持创新热情，增强创新意识，提高创新能力。

（一）全面培养学生的创新素质

高职院校应把握心理特点，激发学生的创新精神，激发学生对科技创新的兴趣和好奇心，引发他们对创新的冲动和灵感，进而鼓励学生突破定论，大胆进行创新尝试；把握思维规律，提高学生的创造想象力和创造性思维能力，提高学生解决问题的能力。创造性解决问题的成功喜悦和由之激发的浓厚兴趣又会成为巨大的"内驱力"，使学生产生强烈的创造欲望，推动其创造性思维的形成和进一步发展。另外，高职院校应及时准确地掌握学生的思想状况，全面了解学生的情况，培养学生的创新人格。

因此，有效地引导学生开展创新活动，可促进他们创新人格的形成，提升他们的创新能力，进而达到全面提高学生创新素质的目的。

（二）开展丰富多彩的第二课堂创新活动

高职创新教育还可以通过开展第二课堂，以丰富学生的创新实践活动。

1. 营造激励创新的环境

充分发挥共青团、学生会作用，组织学生开展讲演、新闻、设计、摄影绘画和艺术创作等竞赛，努力营造激励创新的环境。高职院校为培养面向未来的应用创新型人才，一方面可以通过校团委、教务处、科研处等有关部门，精心组织课外学术作品立项、结题的各项工作，引导科技活动向精品化、项目化方向发展；另一方面也可以通过鼓励各二级学院、各学生社团开展经常性的学生科技活动，为学生提供随时可练的科技活动机会，营造乐学好学的科研学术氛围。

2. 开展创新科技活动

高职院校应组织校内外专家开设科技讲坛，把先进的技术与科技前沿信息带进校园，提升学生的创新品位。高职院校要一直致力于推动科技活动的开展，着力培植大学生科技活动品牌；要提倡"以科技活动促创新，以品牌活动促成才"的基本理念。学校可以成立大学生科技创新中心，设立大学生创新基金，建立创新实验室，启动大学生科技作品立项，举办科技文化节等。通过这些活动的开展，学校在努力营造一个积极向上的科技学术创新氛围，解决学生在科技创新过程中遇到的困难。学校的许多教师也可以为学生科技活动团队给予最大限度的专业指导。

3. 开展课外科技兴趣活动小组

高职院校应以学科或专业为依托，以任课教师为导师，开展课外科技兴趣活动小组，让学生运用已学的专业知识，进行技术小改革，体验创新的过程，激发学生的创新热情；引导学生参加校内外科研项目分解后的部分子课题研究，进一步培养学生的创新意识，挖掘学生的创新潜能，激发学生的创新思维能力；建立并实施大学生科技创新项目研究的长效机制，使高职院校由培养高技能人

才基地向培养高技能创新人才基地转变，提升基地培养功能。

4. 举行校园技能节

高职院校应举行校园技能节，促进创新活动的深入开展。校园技能节是以学校开设的有关专业知识为基础，设置若干技能比赛项目，在某一个集中时间内组织全校学生进行比赛的声势较大的一个集体活动。实践证明，举行校园技能节，开展技能比赛，符合高职院校培养高技能应用型人才的需求。高职院校可以此为平台，形成制度，逐步调动学生学习和掌握专业基础知识的积极性，激发学生参与训练与提高职业基本技能的热情，促进学生创新能力的提高。

（三）提升学生的社会活动创新能力

一是高职院校应充分利用社会创新教育资源，组织学生走向社会，进行社会调查、技术服务等社会实践活动，增加学生的社会阅历，提高学生的创新能力。

二是高职院校应积极组织学生参加社会有关方面举行的各类技能创新比赛，让他们经风雨、见世面，"真刀真枪地干"，在创新实践中得到锻炼与提高。近几年，在国家对创新人才及高技能人才的高度重视的大环境下，社会有关方面经常举行诸如数控技能大赛、机械创新设计大赛等活动。高职院校要以此为契机，充分利用自己的优势，积极组织学生参赛，提升他们的创新能力。

第二节　高职创新教育保障体系建设

一、创新教育环境建设

具备创新人才成长的环境是实施创新教育的重要保障，正如美国学者 S·阿瑞提指出的"适宜的气候与环境能极大地促进创造"。高职院校需要从多方面加强环境建设，努力实现培养创新人才的目的。

（一）加强校园文化建设

为加强校园文化建设、营造创新教育的良好氛围，学校可从的学风建设、文化环境建设和教学民主建设三个方面来进行。

1. 加强学风建设

高职院校应加强学风建设，形成奋发向上的良好氛围。学风反映了一所学校的学习风气，直接影响学校的人才培养质量。倘若一所学校的学习风气不好，别说是创新教育，就是生存和发展也成问题。作为发展中的高职教育，其面临着极大的学风问题。高职院校应对此高度重视，借助近年来中央强调加强高职教育质量的契机，努力推动学校学风建设。一是学校应排除社会上一切不健康因素的影响，始终坚持以教学为中心的主导思想不动摇；二是学校上下齐抓共管，将学生的学习放在首位，加大学风建设力度；三是引入激励竞争机制，大力表彰学习成绩优秀的学生，推动良好学风的形成，营造创新人才成长的良好环境。

2. 加强文化环境建设

高职院校应加强文化环境建设，形成创新教育的良好氛围。创新型人才的培养依赖于浓郁的校园文化氛围。学校一要加强校园人文环境建设，提高学校的文化品位和格调，营造民主、开放、进取的文化环境和陶冶人、培育人、凝聚人的人性化环境；二要加大创新的宣传力度，奏响创新的主旋律；三要组织开展各种学术活动、校园文化活动及一系列创新竞赛活动，形成一个人人谈创新、时时想创新、无处不创新的校园文化氛围。

3. 加强教学民主建设

高职院校应加强教学民主建设，形成师生和谐共处的良好氛围。教师要创设民主、和谐的教学氛围，建立新型师生关系，让学生敢于讲话、敢于创新。有关的心理学研究表明，学生在民主、和谐的环境中学习，有利于解放思想，激发自尊、自强和自我实现的需要。教师要尊重学生，摒弃过去"唯我独尊""师道尊严"的旧观念，树立起正确的"学生观"，诚心诚意地把学生当成学习的主人，改变"满堂灌""一言堂"的陈旧教法，实行教学民主。教师要参与到学生的学习活动中去，从讲台上走下来，"退居二线"，营造和谐的教学氛围，促进创新人才的成长。

（二）创新教育管理体制

高职院校应创新教育管理体制，营造宽松和谐的创新环境。创新教育的发展需要有适宜的环境和条件。能否具备这种环境和条件，既与氛围有关，又与教育管理体制有着直接的重要关系。

学校要正确处理好与教育行政部门之间的关系，学校内部应建立体现宽松、民主、自由、开放、进取等特点的管理体制，形成维系和支撑创新教育的管理体制。

（三）创新教育管理方法

创新教育管理方法主要包括创新高职教育教学管理体制和日常管理方法。

1. 创新教学管理体制

学校应创新教学管理体制，提高学生课程学习的自由度。学校要积极开放课堂教学，打破专业和年级的限制，使学生可以自主选择课程和主讲教师，同时进行必修课和选修课，给予学生选择学习进程的主动权，允许学生提前毕业或延长学习期限。

2. 创新日常管理方法

学校应严格要求学生，正确处理严格与宽松的关系，做到"严""宽"适度。"没有规矩不成方圆"，在日常的学习与生活中，教师应对学生严格要求。防止学生惰性滋长、纪律涣散是必要的。但严要有度，否则对教育，特别是对创新教育极为不利。现代心理学相关研究表明，当人处于紧张、压抑状态时，其创新思维冲动会受到抑制。因此，在对学生严格管理的同时，教师还要努力营造一种宽松、宽容、富于活力的创新教育氛围。

学校应正确处理纪律与自由的关系，使既有集中又有民主，既有纪律又有自由的生动活泼的良好局面形成。学校作为培养人的教育机构，之所以能正常运行、开展活动，是因为有统一的组织纪律来规范和统一人们的行动，也因为有一定的自由，使组织内的成员能够独立地开展本职工作。可见，纪律与自由具有对立与统一的辩证关系，相辅相成，缺一不可。只有自由没有纪律，不行；只有纪律没有自由，也不行。如果没有自由，受教育者的一言一行都按指令行动，其主动性、积极性和创新性必定受到抑制，培养具有创新性的人才就会成为虚言。因此，教师在用纪律规范学生的行为的同时，又要给予他们能发挥主动性、积极性和创造性的自由，促进创新教育工作健康发展。

3. 实施弹性教育管理

学校应正确处理刚性与弹性的关系，采用灵活变通的方式，将教育管理由刚性转向弹性。所谓刚性管理，是指运用权威、命令、政策、法律、法规、守则等管理方式和手段，对受教育者进行控制、监督和惩罚的一种教育管理方式。这种管理没有建立在尊重人、相信人、弘扬人的主体性的基础之上。所谓弹性管理，是指针对受教育者的身心特点使管理保持一定的伸缩性、灵活性，能适应不同教育管理对象的需要的一种教育管理方式。因此，要实现培养创新人才的目标，教育管理者应由刚性管理转向弹性管理，并努力实现刚性管理与弹性管理的有机结合，尊重作为教育对象的学生的主体性，使外在的制度、条例、守则等的控制转化为他们的自我调节、自我控制和自我教育，从内在激发他们的积极性、创造性。

二、创新教育评价体系建设

教育评价是教学系统中最敏感的环节，具有较强的导向作用，影响着教学的全过程。高职院校需要努力建设创新教育视野下的教学评价体系，并充分发挥其引导和激励作用，使之在制度的有效保证之下健康发展。高职院校应从以下几个方面进行创新教育评价体系建设。

①创新考核评价方法，构建开放的考试模式。

②创新考核评价格局，突出实践教学地位。实践教学作为高职院校教学中的重要部分，应被放在十分突出的位置上。高职院校在考核学生动手能力的基础上，应认真考核他们在实际工作中的创新能力。

③创新考核评价体系，构建综合评价指标体系，考核学生在活动中的成绩等。

④建立激励机制，创新评价奖励办法。

三、创新型教师队伍建设

高职院校应建设一支师德高尚、教育观念新、改革意识强、具有较高教学水平和较强实际能力的创新型教师队伍。

（一）创新型教师的教育能力素质要求

有关研究认为，创新型教师的教育能力可由背景性要素和可操作性要素构成。高职创新型教师还要具有以下三个方面的特殊素质的要求。

①高尚的师德。热爱社会主义，热爱祖国，热爱学生，热爱高职教育事业，与时俱进，勇于创新，积极投入高职创新教育工作，乐于为培养高技能应用型创新人才而努力奋斗是高职创新型教师应该达到的崇高精神境界。

②广博、精湛的专业知识。知识面广，专业知识精湛，熟悉该学科及相关学科的最新动态、最新进展、最新成果等，是高职创新型教师应具备的基础，也是其应具备的基本素质。

③较强的实践指导能力。通过实习实训培养创新人才是高职创新教育的重要渠道之一。显然，较强的实践动手能力和实践指导能力是高职创新型教师所必须具备的能力。

（二）加强高职创新型教师队伍建设的主要措施

①加强教师职业道德建设，增强培养高职创新人才的责任感和紧迫感。高职院校应运用校内外技术创新人才的典型事例，帮助教师坚定创新信念，充分

认识培养高职创新人才的必要性和可行性，自觉为培养高职创新人才努力奋斗。

②加强"双师型"队伍建设，奠定培养高职创新人才的基础。首先，学校应投入一定经费鼓励教师参加在职学历进修和课程进修，为创新教育储蓄能量。其次，学校应优化教师知识结构，适应创新教育需要，围绕综合课程研究工作，提高教师的学科综合能力，为教师创造实践操作的条件，增强教师的实践动手能力。最后，学校应充分运用产、学、研相结合的教育模式，提高教师创新实践能力。

③提高教师创新教育能力建设，提升高职创新人才的培养水平。高职院校应加强教师现代教育科学理论学习，帮助他们树立现代教育思想观念，做好培养高职创新教师的前导性工作。针对高职院校教师大部分为非师范类专业毕业生的实际情况，引导教师补习教育学和心理学等教育理论，使其积极投入创新教育实践，探索并发现能有效培养学生创新精神、创新能力的教学方法。高职院校可以通过开设创新教育课程，引导教师做好创新教育课的教学工作，不断提高其创新教育教学水平；也可以引导教师在理论教学和实践教学中践行创新教育，不断提高创新教育能力。具体来说，高职院校应帮助教师加强对启发式等教学方法的研究，帮助其探索出一套符合高职创新教育要求的教学模式，以提高创新教育水平；创设条件，让教师经常深入实习实训基地，指导学生进行创新实践，以提高创新实践指导的水平。

④引入激励机制，采取举办创新教育公开课等措施。

第三节　高职创新教育的案例分析

一、武汉交通职业学院参加全国大学生机械创新设计大赛活动

（一）全国大学生机械创新设计大赛简介

1. 历史由来

全国大学生机械创新设计大赛是教育部、财政部为实施高等学校教学改革工程而举办的赛事之一，是一项旨在培养和提高大学生创新设计能力、实践操作能力和团队协作精神的竞赛活动。2002 年，机械基础课程教学指导委员会提议举办"全国大学生机械创新设计大赛"，后来教育部决定了每两年举行一次，每次有一个创新主题，2004 年举行了第一届大赛。该大赛的主办单位是教育部高等学校机械学科教学指导委员会。

2. 大赛竞赛特点

大赛的主要特点是采用先进行分赛区预赛，再进行全国决赛的竞赛方式。

①大赛设计的作品以机械为主，机电结合。针对大赛的这个特点，参加大赛的学生都是高年级的学生，他们具有宽广的知识面，学习的课程也比较多。机械创新设计大赛比较全面地锻炼和培养了学生的创新能力。

②全面培养了学生的综合设计能力。学生参加一次大赛要经历将近一年多的时间，从接到大赛通知开始，学生开始筹备参加大赛的各项准备工作，做市场调研，根据掌握的情况构思参赛方案，做作品方案设计、机械结构设计、控制电路设计、作品动手制作、设计资料整理等各项工作，最后参加预赛。在这么复杂的参赛过程中，学生的表达能力、综合设计能力等方面都得到了锻炼。

③将大赛设计的作品与实际应用情况紧密结合起来。

（二）参加第二届全国大学生机械创新设计大赛基本情况

只有创造出良好的环境，才能充分发挥学生潜能。为提升学院办学品位，在有关部门的大力支持下，该校利用"第二届全国大学生机械创新设计大赛湖北分区预赛"和该校一年一度的"技能节"的契机，组织和指导学生参加了"机械创新设计"系列活动，在创新能力培养方面进行了一些实践探索，取得了一定的成绩。

这次机械创新设计大赛的主题为"健康与爱心"，内容为"助残机械、康复机械、健身机械、运动训练机械等机械产品的创新设计与制作"。该校首次举办这类活动，目的在于培养学生的创新设计能力、综合设计能力和协作精神；加强学生动手能力的培养和工程实践的训练；吸引、鼓励广大学生踊跃参加课外科技活动，为优秀人才脱颖而出创造条件，扩大该校的社会影响力。"机械创新设计"系列活动分两个阶段进行。

1. 第一阶段：校内机械创新设计比赛

本次校内机械创新设计比赛方式为自由选题、自由组合，为学院"技能节"的重点项目，以增强学生的创新意识、励志专业探索为基本目的。一等奖项目作为该校参加"第二届全国大学生机械创新设计大赛湖北赛区选拔赛"的参赛项目。活动分两步进行。

（1）初审

在学生完成小组组建与初步方案设计后，组委会对学生的方案进行初步评审，筛选出优秀、有创意、可实施的方案参加预赛；并针对优选出的方案，派出有经验的教师给予指导，学生开始具体的技术设计；在本校"技能节"开始

前一周，组委会对学生的方案进行复审，选出31个比较好的题目参加院内决赛，并进行评比，在赛后公布比赛成绩，也公示全部获奖作品。本次比赛参赛作品的评价原则有以下四项。

①新颖性：创意新颖、巧妙，并能运用所学的知识。

②实用性：能满足人们的需求，功能性强，使用安全、便捷。

③可行性：可以用常规的方法加工，结构简单，制作成本低。

④表现能力：项目的文字表述、项目的图形表述、现场的口头陈述清晰准确。

（2）决赛评审

由评委评审进入决赛的项目，决赛评审的步骤如下。

①题目的提出者对相关题目进行10分钟的陈述。

②进行10分钟的讨论、问题回答。

③评委对设计题目给出最终的评分。

④确定最终成绩，按照评委评分总和排序。

在各方的重视和努力下，整个过程进行得十分顺利。由于受时间、能力和经费的限制，这次比赛只要求对项目创意和设计方案进行评价，不要求做出成品。评选出的省级比赛参赛项目则要求参赛人员精心设计，认真准备，做出成品。

2. 第二阶段：省级比赛

"湖北省首届高校大学生机械创新设计大赛暨第二届全国大学生机械创新设计大赛湖北分区预赛"在海军工程大学进行，为教育部重点支持的四个全国性大赛之一。来自全省的34所大专院校的163个作品报名参赛，经预审，132项作品获得正式比赛资格。武汉交通职业学院三个作品报名参赛，全部获得比赛资格。

本次大赛本科院校和高职院校同台竞技，参赛本科院校多为本省重点大学。比赛场面异彩纷呈，竞争十分激烈。面对强手如林的赛场，该校选手沉着应战。经过激烈竞争，参赛项目"自强J01型无手者专用鼠标"获二等奖；参赛项目"自强JZY-1型智能登楼梯轮椅"和"智能探测导盲杖"获三等奖，该院代表队还被授予优秀组织奖。

这次机械创新设计活动是该校进行创新能力培养的初步尝试。尽管开展的时间短、参加人数少、影响面不大，但锻炼了队伍，探明了方向，了解了程序，取得了成绩，收到了预期的效果。

（三）参加机械创新设计活动获得的启示

1. 创新能力的培养应是创造性学习能力的培养

本次机械创新设计活动作为一种探索性的实践过程，具有科技性、实践性和探索性的特点，其最为突出的特征就是"创新"。这次活动受到学生的普遍欢迎，学生对参赛表现出空前的热情，但大多数作品的整体水平不高，只有极少部分作品创意较新颖，较为切实可行。学生的实际动手能力和表达能力离要求还有相当大的差距。我们清醒地认识到，就目前高职院校的实力而言，要在较短的时间内进行全面的原创性的机械新产品设计是具有一定难度的。即使有比较好的创意，要依靠自己的力量把它变成现实的产品也是十分不容易的。

大学的机械创新设计活动在高职院校的开展值得提倡，但不宜全面推广。对于高职教育而言，创新能力的培养不应仅局限在几次校内外的相关比赛这一狭小的层面上，而应贯穿于教学活动的全过程，以教学模式的创新、教学方法的创新、创新思维方式的培养和实践中解决问题方法的创新为其主要内容。更确切地讲，对学生而言，创新能力的培养更应该是创造性学习能力的培养或发现能力的培养。

2. 学生创新能力的培养需要长期坚持

创新能力的培养需要经过一定的过程和时间。创新活动的开展需要高职院校长期坚持，以确保各个阶段的连续性。但现在由于生源结构的特殊性和教育资源的特殊性，一些高职院校的创新教育和学生创新能力培养活动不能够长期进行下去。

3. 营造有利于创新能力培养的校园氛围

高职院校要充分认识培养创新能力的重要性，开展科技创新活动、网页创新赛、动画设计赛等系列活动，把创新要求列入对学生、班干部、辅导员及教师的考核要求中，还可以把以上活动的成果折算为学生的学分，以进一步激发学生的创新热情。

4. 要有一批具有创新素质的教师

创新人才培养任务的具体承担者是教师。高职院校要培养学生的创新素质，首先需要有具备"创新"素质的教师。先有教师的"创新"，然后才有教育对象的"创新"。师资队伍的创新素质直接决定着教师培养创新人才的实际能力。

5. 把创新能力的培养与学生的就业有机结合起来

高职院校应使创新能力的培养与就业有机地结合起来，通过开展创新能力培养活动来促进大学生就业。开展创新能力培养活动可以培养学生的创新精神，提高他们的自我展示能力、沟通交际能力、组织能力和团队协作精神，进一步增强其就业竞争力。

二、武汉交通职业学院举办"技能节"活动

武汉交通职业学院每年举办一次"技能节"，一般在春季举办，每次集中一天进行决赛。学院组建后已举办了两届。在总结学院组建前和组建后的首届"技能节"经验的基础上，学院于2005年成功地举办了第二届"技能节"。这次"技能节"共设68个项目。其中，学生项目65项，在各系部初赛的基础上，确定了27个项目作为参加学院的决赛项目，并首次设立多媒体课件比赛、青年教师讲课比赛和优秀教案比赛等三项教师比赛项目。师生踊跃报名参赛，学生有5000多人参加了初赛，3000余人次参加决赛，612人次获奖。教师经过各系部选拔推荐参加学院比赛，结果获一等奖3人，二等奖6人，其他等次获奖人数共37人。

（一）武汉交通职业学院"技能节"的特点

1. 以培养学生综合素质为宗旨

武汉交通职业学院始终将巩固专业知识、提高基本技能和创新能力作为"技能节"的主要宗旨。前两届"技能节"的实践说明，学院的这种思想是正确的，均达到了预期的目的。

2. 完善竞赛的设立方案

武汉交通职业学院不断改进方法，重点完善竞赛项目的设立方案。第二届"技能节"首次增设了与学生竞赛项目同步进行的教师比赛项目。

第二届"技能节"设置的学生项目可分为三种类型。

①学习掌握专业基础知识类，如物流专业基础知识竞赛、旅游综合知识竞赛、商务英语知识竞赛等项目。

②训练提高职业基本技能类，如机械制图识图、手工电弧焊比赛、装配与测量、单片机程序调试、数控车床（铣床）编程与操作技能比赛、打字速度技能竞赛、文本编辑与排版竞赛等项目。

③基本知识与基本技能综合运用类。该类项目均要求学生在熟练掌握专业基础知识和一定职业基本技能的基础上，能综合运用所学知识，进行一定程度的创新。

在全院68个技能竞赛项目中，虽然大多数项目是传统的基本知识的掌握

与基本技能的训练提高项目，但要求学生具有一定的创新意识和行为。如数学建模竞赛、机械创新设计大赛、三维设计大赛、网页设计竞赛、汽车汽缸故障分析与磨损检测、企业经营实战演练等项目，要求学生能综合运用所学专业基础知识和基本技能，具有一定的创新意识和创新能力，这样才能技压群雄，取得好成绩。

3. 技能竞赛的形式设计具有一定的创新性

以往的技能竞赛主要集中在"技能节"当天集中比赛和展示。这样做，时间和效果均受到限制。现在，师生"技能节"前、后都在深入开展技能训练。"技能节"前，师生积极进行培训，参加初赛，经过层层选拔。该过程本身就有利于师生技能的提高。"技能节"后，学院进行表彰总结，使学生充分认识到技能提高的重要性，今后能扎扎实实地参加平时的实习实训教学环节，不断提高职业能力。

（二）举办"技能节"获得的启示

随着高职教育改革的深入，学院对"技能节"内涵的认识均较深刻，深深感到举办"技能节"不但有助于提高高职学生的技能，而且有助于提高他们的创新能力。举办"技能节"可以提高学生的基本技能，是培养高职学生创新思维、提高其创新能力的重要基础。高职院校要深入开展技能节活动，以提高学生的创新能力。

1. 设置较多的技能竞赛项目

高职院校应尽可能设置较多的技能竞赛项目，让更多的学生能够参与进来。65个学生项目，5000余人次，相对于14000人的学生总数与大多数学生的需求，仍有很大的扩展空间。高职院校应动员和要求更多的专业教师，根据各专业课程的特点，结合就业岗位（岗位群）的具体要求，开发出更多的技能竞赛项目，全面考查学生对专业基础知识的掌握和职业基本技能的提高情况。

2. 要坚持设立教师比赛项目不动摇

只有教师提高了教学能力和积极性，才能更好地把知识和技能传授给学生，收到事半功倍的效果。教师的带头参与能极大地带动学生参加，并将之形成优良的教风、学风。教师重视学生职业能力的培养与提高，并体现在潜移默化的教学过程中，也有利于创新教育的进一步实现。

3. 要重视创新竞赛项目的设立

校园"技能节"的重点始终应该是强化学生对专业基础知识的掌握和基本

技能的训练，但也可以考虑适当设置一些基础知识和基本技能综合运用的项目，也就是需要有一些创新的项目，从而丰富"技能节"的内容，提高"技能节"的层次，满足一部分优秀学生创新设计的需求。

开展校园"技能节"活动是该院在长期的办学过程中形成的一种特色，本身就是一项创新活动。我们相信，通过进一步开展"技能节"活动，可以不断提高学生的职业能力，逐渐培养学生的创新意识，促进学生创新能力的提高。

三、武汉交通职业学院开展大学生科技创新项目研究工作

（一）开展大学生科技创新项目研究工作的基本做法

武汉交通职业学院开展大学生科技创新项目研究工作的方针：全面发动、引导申报、规范过程、严格评审。主要目的是：发展创新思维、培育创新个性、提高创新实践能力、孕育高职创新人才。基本做法如下。

1. 建章立法

武汉交通职业学院首先建章立法，规范和激励了大学生科技创新项目研究工作。学校于 2011 年 4 月开始启动大学生科技创新项目研究，及时在调查研究、反复征求意见的基础上，制定了学校开展大学生科技创新项目研究试行管理办法，同时制定了相配套的系列文件和设置了一定的创新基金，将这项工作纳入规范的且有一定经费资助的管理轨道，从而为开展大学生科技创新项目研究提供了政策和经费保障。

2. 加大宣传力度

①运用版报、校园网等媒体广泛宣传国内外各类科技创新成果及开展大学生科技创新的意义，营造有利于科技创新的校园氛围。学校自开展大学生科技创新项目研究工作两年来，办版报两期，通过校园网及校报报道开展大学生科技创新项目研究活动 10 多次，对大学生科技创新项目研究工作发挥了重要的推进作用。

②开展科技创新讲座，宣传科技创新的意义和技巧。学校先后三次请校内外专家进行科技创新报告，使广大青年学生从中受到教益。

3. 建立大学生科技创新项目研究指导和管理网络

①成立了院系两级管理机构。学校由科研处全面负责大学生科技创新项目研究的协调管理工作，各系各有一位中层干部专门负责。

②为每个大学生的科技创新项目至少安排一名指导教师，以引导学生少走

弯路，顺利开展科技创新项目的研究工作。

③聘请校内外专家，组建大学生科技创新指导委员会，聚集精英，凝聚人才，对学生进行全方位指导，提升大学生科技创新水准。

4.形成创新理念

该校建立了"在创新中提高、在创新中成才"的理念，运用"真刀真枪"培育高技能创新人才。该校广泛动员，争取促使较多的学生投入科技创新活动之中；参赛过程均严格按照国家规定的程序及要求进行，使学生在"真刀真枪"的训练中提高能力；针对立项评审和结题评审，均制定相应的评审制度，并聘请校内外专家严格把关和评审。

（二）开展大学生科技创新项目研究工作的成效及问题

1.开展大学生科技创新项目研究工作的初步成效

武汉交通职业学院自开展大学生科技创新项目研究两年来，制定了学校纲领性文件《关于大学生科技创新项目研究管理暂行办法》，并严格以此为依据，组织开展了两届大学生项目申报评审工作，共收到68份项目申报书，系部覆盖面达80％。其中，39个项目经专家评议获准立项，9个项目经专家严格评审后结题，8篇学生科技创新论文在学术刊物上公开发表。学生在项目研究中增强了创新意识，提升了创新能力，从而赢得校内外相关专家的高度关注和好评。

有关调查表明，该学院广大师生提高对高职院校开展大学生科技创新研究的认识水平，增强了信心。86％的教师和学生认为需要培养高职学生成为高技能应用型创新人才；92％的学生认为高职院校实施创新教育非常必要，89％的教师也认为非常必要；60％的学生不赞成高职大学生创新，48％的教师也有同感。

2.开展大学生科技创新项目研究工作的基本问题及其原因

武汉交通职业学院两年的大学生科技创新项目研究工作实践表明，学生虽然具有一定的创新热情，但仍存在两方面较为突出的问题。一是缺乏足够的创新信心。在两次申报项目中，申请的人较少，全院一万多学生，不到300人参与申报活动。说明绝大多数学生缺乏申报项目的信心和勇气。二是缺乏较强的创新能力。第一批立项研究有20个项目，按其研究计划，均应结题。但到目前为止，尚有7个项目未结题。指导教师反映，这是学生存在畏难情绪、缺乏开拓创新的精神和较强的研究能力的体现。为什么存在这两个问题？这里有主、

客观两方面的原因。

（1）主观原因

从主观上看，一是学生不能正确评价作为高职生的自己，存有高职学生不如普通高校学生的自卑感，于是缺乏申报信心；二是学生缺乏做项目研究所需的吃苦耐劳、开拓进取、精益求精的精神，这样即使获准立项，也很难如期完成。

（2）客观原因

从客观上看，学生项目申报情况和结题情况与学校的组织及教师的指导有关。

第一，院系管理不到位及校园缺乏创新氛围，必将影响学生开展科技创新研究的积极性。从校园媒体的角度看，学院广播台、宣传栏中很少见到涉及科技创新方面的报道或科普介绍。在校园网中，除科研处及个别系的文章涉及创新内容外，其他几乎均未涉及。从学生的社团组织的角度看，在众多的学生社团中，没有一个与科技创新有关的社团。从院系管理的角度看，一是教学管理和学生管理这两条线有机结合得不够，二是自身管理不到位，导致院系科技创新相关信息及资料宣传不到位。抽样调研显示，57％的学生不清楚该学院的基本文件《关于大学生科技创新项目研究管理暂行办法》的颁布时间和内容，41％的教师对此也不清楚。

第二，指导教师存在认识误区，从而影响学生开展科技创新研究的潜力发挥。极少数教师对高职院校开展大学生科技创新研究缺乏正确认识，指导也不到位。他们不能正确对待学生，一是不能把握名和利的度，认为为学生花费精力不值得，乃至在发论文时不愿将自己列在学生之后；二是指导学生时缺乏耐心，缺乏诲人不倦的精神，因而直接影响学生创新的积极性和灵感的激发。

第三，学生创新研究实践的机制不健全，影响学生创新研究实践能力的提高。一是课程设置及其活动没有渗透创新教育意识。二是学院尚未形成有利于培养学生开展科技创新项目研究的开放机制，致使学生无法自如地运用设备开展科技研究实验活动，缺乏亲自动手的锻炼机会，进而使学生所必要的科技创新实践能力始终处在弱势地位。

（三）提升学生科技创新能力的基本对策

1.深入挖掘学生科技创新潜能

高职教育课程体系建设不能仅仅考虑学生的专业能力，还要注重学生的创新能力。相关的抽样调查结果显示，92％的学生和85％的教师赞成需要经常开展科技创新讲座；77％的学生和79％的教师赞成需要增设科技创新选修课。

这说明经常开展科技创新讲座和开设科技创新课程是广大教师和学生的共同愿望。85%的教师认为，推进大学生科技创新项目研究工作的首要任务是做好学习宣传教育活动。高职院校应按照在创新中提高的理念，充分利用项目申请及评审的过程，培养学生科技创新研究能力。

2. 加强实践教学

高职院校应加强实践教学，提高学生科技创新实践能力。相关的抽样调查结果显示，对于推进大学生科技创新项目研究工作是否需要加强实验室等相关建设，并有计划地开放实验室、图书馆等问题，86%的学生和94%的教师均回答需要。这说明学生开展科技创新研究需要这样的条件。

3. 采取产、学、研结合的办学模式

相关的抽样调查结果显示，对于推进大学生科技创新项目研究工作，是否需要加强产、学、研结合办学模式和工学结合教学模式的平台建设，提升大学生科技创新能力和效率的问题，97%的教师认为需要。

走产、学、研结合之路，加强学校与企业、科研机构的合作，使学生的创新能力在科研、生产的实践中得到培养，是面向知识经济时代培养创新人才的新型方式。高职院校应积极探索产、学、研结合之路，引导学生运用产、学、研结合平台进行科学研究，使其置身于科学发展的前沿，培养创新能力。

可见，在某种意义上，"产、学、研结合"是高职教育更高层次的"实践教学"模式。走产、学、研结合之路，创新实践教学模式，可取得更深层次的创新研究成果。

参考文献

[1] 李德方，王明伦，等．高等职业教育发展新论 [M]．北京：知识产权出版社，2017．

[2] 张东．陶行知职业教育思想研究 [M]．成都：西南交通大学出版社，2017．

[3] 任君庆，等．宁波高等职业教育国际化研究 [M]．杭州：浙江大学出版社，2018．

[4] 张健．职业教育集团化办学研究 [M]．苏州：苏州大学出版社，2018．

[5] 崔景贵．积极职业教育范式导论 [M]．北京：知识产权出版社，2016．

[6] 齐爱平．职业教育基本问题研究 [M]．北京：知识产权出版社，2016．

[7] 曹晔，等．当代中国中等职业教育 [M]．天津：南开大学出版社，2016．

[8] 赵国军．中等职业教育核心问题的研究与实践 [M]．沈阳：东北大学出版社，2017．

[9] 王志伟．高等职业教育理念创新与发展 [M]．长春：东北师范大学出版社，2017．

[10] 赵国军．中等职业教育核心问题的研究与实践 [M]．沈阳：东北大学出版社，2017．

[11] 张海水．中国中等职业教育转型发展研究 [M]．上海：上海科技教育出版社，2015．

[12] 潘璋德．高等职业教育实践与思考 [M]．北京：光明日报出版社，2014．

[13] 吕学智．三导师制——现代职业教育人才培养模式探索与实践 [J]．职业，2018（35）．

[14] 李郑临．当前职业教育存在的突出问题 [J]．课程教育研究，2018（47）．

[15] 姚伟卿. 现代学徒制视阈下现代职业教育实践教学探讨 [J]. 辽宁高职学报，2018（11）.

[16] 李文进，仇新艳. 探索职业教育技能培养有效途径 [J]. 中国电力教育，2018（11）.

[17] 徐承萍，赵蒙成. 职业教育质量评价的人文意蕴 [J]. 河北师范大学学报（教育科学版），2018（06）.

[18] 李名梁，徐甜. 回顾与前瞻：职业教育社会认同度问题研究 [J]. 职教论坛，2018（11）.

[19] 陈宏涛. 关于提升农业高等职业教育人才培养质量的思考 [J]. 教育与职业，2018（22）.